W0067198

Hippologische Handbibliothek

Reiner Klimke

Grundausbildung des jungen Reitpferdes

Von der Fohlenerziehung bis zum ersten Turnierstart

Franckh'sche Verlagshandlung
Stuttgart

57 Farbfotos von Werner Ernst (56) und Pat Mansman (1)
55 Zeichnungen von Gisela Holstein

Umschlaggestaltung von Kaselow Design, München, unter Verwendung eines Fotos
von Werner Ernst

Bild Seite 2: Der Gesichtsausdruck des Pferdes zeigt uns sein Wesen: Der Westfale »Ahlerich« von
»Angelo xx«, eine Persönlichkeit voller Leben und Intelligenz (siehe auch Seite 24/25).

CIP-Kurztitelaufnahme der Deutschen Bibliothek

Klimke, Reiner:
Grundausbildung des jungen Reitpferdes : von d.
Fohlenerziehung bis zum ersten Turnierstart /
Reiner Klimke. [57 Farbfotos von Werner Ernst u.
Pat Mansman. 55 Zeichn. von Gisela Holstein]. –
3. Aufl. – Stuttgart : Franckh, 1986.
  (Hippologische Handbibliothek)
  ISBN 3-440-05380-6

3. Auflage
Franckh'sche Verlagshandlung, W. Keller & Co., Stuttgart / 1986
Das Werk einschließlich aller seiner Teile ist urheberrechtlich geschützt. Jede Verwertung außerhalb der
engen Grenzen des Urheberrechtgesetzes ist ohne Zustimmung des Verlages unzulässig und strafbar. Das
gilt insbesondere für Vervielfältigungen, Übersetzungen, Mikroverfilmungen und die Einspeicherung
und Verarbeitung in elektronischen Systemen.
© 1980, Franckh'sche Verlagshandlung, W. Keller & Co., Stuttgart
Printed in Italy / Imprimé en Italie / L 9sp Hrr / ISBN 3-440-05380-6
Satz: G. Müller, Heilbronn
Reproduktion, Druck und Buchbinder: Editoria, Trento (Italien)

Grundausbildung des jungen Reitpferdes

Vorwort

Mit den Büchern »Military« und »Cavaletti« hat sich Dr. Reiner Klimke bereits einen hervorragenden Namen als Verfasser reiterlicher Literatur erworben. Beide Bücher weisen richtige Wege der praktischen Ausbildung, die sich uneingeschränkt an den überlieferten Lehren der klassischen Reitkunst orientieren. Auf das gleiche Ziel ist das neue Buch über die »Grundausbildung des jungen Reitpferdes« ausgerichtet.

Seit Jahren gibt es, von Fachleuten geschrieben, gute Bücher über alle Themen der Reitlehre, auch solche, in denen die Ausbildung junger Pferde behandelt wird. Ohne Zweifel ist es daher schwierig, etwas grundsätzlich Neues zu bringen. Daß es dem Autor gleichwohl vorzüglich gelungen ist, erklärt sich aus mehrfachen Gründen. Als einer der erfolgreichsten Reiter verbindet Dr. Klimke in ganz seltener Weise theoretisches Wissen und reiterliches Können. Ferner hat er seit mehr als 25 Jahren – zunächst im Reiterverein Westbevern und an der Westfälischen Reit- und Fahrschule, dann schon bald in selbständiger Arbeit – zahlreiche junge Pferde ausgebildet. Kein anderer Reiter hat mit selbst ausgebildeten Pferden so viele Erfolge in den Disziplinen Vielseitigkeit und Dressur bei Deutschen Meisterschaften, Europa- und Weltmeisterschaften und bei Olympischen Spielen errungen. Auf diese reichen und wertvollen Erfahrungen gründen sich die Leitgedanken und Ratschläge der Bücher. Und vor allem, wenn nichts besser als offenkundige Erfolge die Richtigkeit von Lehrmeinungen nachweisen, ist Dr. Klimke besonders berufen, über die Ausbildung junger Pferde zu schreiben.

Die Erläuterungen des Buches sind klar und verständlich so formuliert, daß sie für junge Reiter, erfahrene Ausbilder und Züchter, die ihre jungen Pferde selbst anreiten, in gleicher Weise hilfreich sind. Alle Hinweise gehen von Grundsätzen aus, die sich nach Zeitbedarf, nach psychologischen und reiterlichen Methoden als richtig und erfolgversprechend bewährt haben. Ausdrücklich muß darauf hingewiesen werden, daß Dr. Klimke die Grundausbildung junger Pferde nicht allein aus der Sicht des Dressurreiters begreift. Er macht vielmehr deutlich, daß die richtig verstandene Grundausbildung der Erziehung des Pferdes dient, der Entwicklung seiner natürlichen Anlagen, unabhängig davon, ob das Pferd später als Gelände-, Spring- oder Dressurpferd verwendet wird.

Bemerkenswert ist: der Autor folgt zwar allgemein den Grundsätzen für die Ausbildung junger Pferde in den »Richtlinien für Reiten und Fahren«, veranschaulicht aber zusätzlich soviel Erlebtes und Wissenswertes, daß in dem Buch sehr viel zu lesen ist, was bisher noch nicht beschrieben wurde. Insgesamt ist das Buch eine ausgezeichnete Anleitung, die im Zusammenhang von theoretischen Kenntnissen, praktischen Erfahrungen und nachgewiesenen Erfolgen zuverlässig über die Grundausbildung junger Pferde unterrichtet.

Paul Stecken
Leiter der Westfälischen Reit- und
Fahrschule

Ziel der Grundausbildung des jungen Reitpferdes

Wir leben in einer Zeit der Reformen. Die moderne Technik hat vieles einfacher und schneller gemacht. Sie hat das Leben der Menschen verändert. Was früher Jahre brauchte, geht heute oft in einem Bruchteil davon. Das Tempo spielt in unserem Leben eine entscheidende Rolle – leider vielfach auch im Umgang mit Pferden.

Es werden uns heute auf Reitpferdeauktionen ungeniert dreijährige Pferde als Spitzen-Dressur-, -Spring- oder -Militarynachwuchs angeboten. Von Pferden, die gerade erst angeritten sind, weiß man angeblich bereits jetzt, daß sie sich für große Leistungen in einer ganz bestimmten Spezialdisziplin eignen.

Einem erfahrenen Reitersmann kann man dies nicht vorgaukeln. Er kennt den langen, geduldigen Weg der Ausbildung des Pferdes von der Grundausbildung bis zur Spezialausbildung in den Disziplinen. Aber wie viele Pferdefreunde gibt es, die über genügend Sachkenntnis verfügen? Die Reiterei hat sich in der Zeit nach dem Zweiten Weltkrieg ständig mehr vom Land in die Stadt verlagert. Eine neue Generation reitbegeisterter Menschen ist herangewachsen. Sie ist mit dem Pferde nicht groß geworden. Sie sehnt sich in der Freizeit nach dem Pferd als einem Stück der Natur oder betrachtet es als Sportgerät. Das Wissen um Training und Haltung des Pferdes hat allgemein abgenommen. Kann man es einem interessierten Reiter übelnehmen, wenn er die weitverbreiteten Lob- und Verkaufsanpreisungen glaubt?

Die Ergebnisse sind selbst im Turniersport sichtbar: Wie viele Springpferde mit zusammengezogenen Hälsen sieht man, die nicht gelernt haben, sich in ihrem natürlichen Gleichgewicht in den drei Grundgangarten auszubalancieren, aber schon Springprüfungen Kl. L und M gehen müssen. Wie viele Dressurpferde kommen nur mit Ach und Krach über einen Gehorsamssprung, haben noch nie Cavalettis gesehen oder sich draußen im Gelände unter dem Reiter frei und ungezwungen bewegen dürfen. Ich behaupte, daß viele Beinschäden von Pferden darauf beruhen, daß sie viel zu früh in eine Spezialausbildung genommen wurden.

Die Grundausbildung des jungen Pferdes hat zum Ziel, das junge, noch ungerittene oder gerade erst angerittene Pferd durch systematisches Training so vorzubereiten, daß eine sichere Grundlage für eine spätere Spezialisierung geschaffen wird. Das kann sich nicht auf die Förderung bestimmter Anlagen beschränken. Die Aufgabe besteht vielmehr darin, die natürlichen Anlagen des Pferdes *allseitig* zu entwickeln. Wir wollen erreichen, daß das junge Reitpferd mit der ungewohnten Reiterlast im Rücken zu seinem natürlichen Bewegungsablauf zurückfindet und sich in einer Form und Haltung bewegt, die Ausgangspunkt für die volle Entwicklung seiner Leistungsfähigkeit ist. Das Ziel der Grundausbildung des jungen Reitpferdes ist erreicht, wenn das Pferd

- an alle Einflüsse gewöhnt ist, die im Zusammenhang mit seiner Verwendung auftreten (Stall, Reitbahn, fremde Umgebung, Dressurviereck, Springparcours etc.);
- mit den Hilfen des Reiters vertraut gemacht ist und diese zu befolgen gelernt hat (vor allem: Gewichts-, Schenkel- und Zügelhilfen);
- soviel Vertrauen, Gewandtheit, Kraft und Ausdauer erlangt hat, daß es eine Dressuraufgabe Kl. A ohne grobe Mängel, einen Springparcours Kl. A in guter Manier und einen Geländeritt Kl. A im vorgeschriebenen Tempo sicher gehen kann.

Bei dieser Grundausbildung wird sich zeigen, ob das Pferd für eine weitere Ausbildung geeignet ist oder ob es – auch gebäudebedingt – ratsam erscheint, hier bereits die Grenzen zu ziehen. Ebensowenig wie der Mensch ist nicht *jedes* Pferd zu Höchstleistungen in einer Spezialdisziplin berufen. Das ist auch nicht nötig, zumal die Mehrzahl der Reiter voll damit zufrieden ist, wenn sie das Ausbildungsziel der Klasse A in dem vorbeschriebenen Sinne erreicht. Wir sollten uns vergegenwärtigen, daß die Erreichung dieser Ausbildungsstufe ein Erfolg ist, der glücklich machen kann. Viele Reiter verkrampfen sich, weil sie ihre eigenen Ausbildungsziele und die ihrer Pferde zu hoch ansetzen. In dem Streben nach mehr verpassen sie das eigentliche Glücksgefühl des Reitens und schaden nicht nur sich selbst, sondern vor allem den ihnen anvertrauten Pferden, denen sie Leistungen abverlangen, die das Talent nicht hergibt.

In der Grundausbildung dürften diese Probleme kaum auftauchen; denn ein Pferd, welches nicht ohne Schaden bis zur Klasse A gefördert werden kann, dürfte für den Reitsport schlechthin ungeeignet sein.

Wertvolle Hinweise gibt die Grundausbildung des jungen Reitpferdes dem erfahrenen Reiter für die spätere Spezialisierung. Ich habe schon manches Dressurpferd ausgebildet, dem man eine Zukunft als Springpferd vorausgesagt hatte. Es stellte sich nämlich heraus, daß es aus Übervorsichtigkeit Riesensätze über kleine Sprünge machte, ihm dann aber der Mut fehlte, wenn die Sprünge höher wurden. Umgekehrt habe ich sogenannte Dressurtalente in die Hand bekommen, die auf einmal ganz große Springveranlagung entwickelten, als sie unter dem Reiter an den Hilfen standen und so ihre Kräfte frei entfalten konnten.

12

Eine umfassende Grundausbildung des jungen Pferdes ist wichtig für alle Reitpferde, gleichgültig ob sie dem Hobbyreiter dienen oder für den Turniersport vorbereitet werden sollen. Je sorgfältiger die Gymnastizierung und Muskelbildung durchgeführt wird, desto gesünder bleibt das Pferd und desto leistungsfähiger wird es durch die anschließende Spezialausbildung.

Behandlung und Erziehung junger Pferde

Normalerweise kaufen wir Reiter junge Reitpferde im Alter von drei oder vier Jahren. Nur wenige haben die Möglichkeit, selbst Pferde aufzuziehen. Trotzdem sollten wir wenigstens in groben Zügen wissen, wie junge Pferde bis zu ihrem ersten Anreiten behandelt und erzogen werden sollten. An dem Verhalten der Remonte* kann man ablesen, wie die Aufzucht erfolgte, wobei ich im folgenden nur auf die äußerliche Behandlung und Erziehung, nicht auch auf die Fütterung eingehen möchte.

Ein Dreijähriger, der von Geburt an Familienanschluß hatte, dem der Mensch und seine Umgebung vertraut sind, läßt sich natürlich leichter anlernen als sein Altersgefährte, der fernab von der Zivilisation nur auf der Weide groß geworden ist, noch nie ein Halfter aufgehabt hat und nur selten mit Menschen in Berührung gekommen ist. Ich persönlich nehme diese sogenannten Naturkinder genauso gerne in Ausbildung wie die Jungpferde, die mit Familienanschluß aufgewachsen sind. Gewiß sind die Naturkinder oft ängstlicher und brauchen am Anfang mehr Fürsorge. Aber sie sind dann auch häufig besonders anhänglich, wenn sie Vertrauen zu ihrem Ausbilder gefunden haben.

Problematischer für die Ausbildung sind junge Pferde, die während der Aufzucht entweder zu sehr verwöhnt, manchmal sogar verweichlicht wurden, und solche, die schlechte Erfahrungen gemacht haben. Das übermäßige Verwöhnen kann man abstellen. Das ist eine Sache der Persönlichkeit des Reiters. Man braucht die Pferde nicht zu vermenschlichen. Man sollte sie auch nicht mit dem geliebten Haushund vergleichen, der schon eher in der Lage ist, menschliches Verhalten nachzuahmen, als das Pferd.

Schwieriger ist es schon, das Vertrauen von jungen Pferden zu gewinnen, die während der Aufzucht im Umgang mit dem Menschen schlechte Erfahrungen gemacht haben. Das sind meistens die größten Sorgenkinder während der Grundausbildung, zumal man nicht weiß und erst langsam, geduldig herausfinden muß, welche schlechten Erfahrungen die Remonte mit dem Menschen bereits hinter sich hat. So sind z. B.

---

*) Drei- bis vierjähriges Pferd in den ersten fünf bis sechs Monaten der Ausbildung.

Zungenfehler, Beißen, Schlagen, Scheuen, gespannte Gänge häufig auf falsche Behandlung während der Aufzucht zurückzuführen.

Die Erziehung beginnt schon im Fohlenalter

Ein guter Züchter schafft durch richtige Aufzucht und Behandlung des jungen Pferdes die Vertrauensbasis für die spätere Arbeit des Reiters. Die Erziehung beginnt schon im Fohlenalter. Sie beruht im wesentlichen darauf, dem Pferde klarzumachen, daß es sich selber straft, wenn es widersetzlich ist. So überzeugt zum Beispiel ein starkes, gut sitzendes Halfter, eine Kette, ein fester Ring in der Mauer ein Pferd schnell und gründlich davon, daß es nutzlos ist, sich gegen die Anbindevorrichtung zu sträuben, weil nämlich nichts nachgibt. Wir müssen als Erzieher rasch und bestimmt handeln. Wenn wir selber zögern und Unsicherheit zeigen, fordern wir den Widerstand des Pferdes geradezu heraus. Das Pferd muß seinen Ausbilder respektieren. Es muß ihn als ranghöchsten Artgenossen anerkennen.
Das hat nichts mit Grobheit zu tun. Respekt und Vertrauen sind keine Gegensätze.

Bild 1. Fohlen an der Mauer angebunden. Ein gutsitzendes Halfter mit festem Strick überzeugt das Fohlen rasch und gründlich davon, daß der Versuch, sich loszureißen, nutzlos ist.

Sie sind vielmehr notwendige Bestandteile erfolgversprechender Erziehung. Das Vertrauen des Pferdes gewinnen wir, wenn wir es nach einer gehorsamen Befolgung unseres Wunsches sofort ohne Zwang lassen. Ein kurzes Wort der Belohnung genügt; denn jede weitere Liebkosung birgt in diesem Alter die Gefahr, den Spieltrieb des Fohlens anzuregen und sich unerwünschte Bisse und Puffe einzuhandeln.

Fohlen sind neugierig. Sie wollen alles beschnuppern, belecken und anknabbern. Dazu sind Halfter, Stricke, Mähne und Schweif der Mutter oder der Arm des Betreuers willkommen. Wer sich darauf einläßt und mit dem Fohlen herumspielt, darf sich über blaue Flecke nicht wundern. Leider wird das Fohlenbeißen mitunter als Böswilligkeit gedeutet und bestraft. Häufig genug wird damit der Keim zur Bösartigkeit erst gelegt oder aber zur Verschüchterung und Ängstlichkeit. Der erfahrene Züchter läßt sich auf hautnahe Spielereien mit dem Fohlen nicht ein. Er beobachtet das Pferdekind lieber aus der Distanz und beschäftigt sich mit ihm nur in den wenigen Minuten der Erziehung.

Eine der ersten Übungen im Rahmen dieser Erziehung ist die Gewöhnung an das Halfter, mit der man schon in der ersten Lebenswoche beginnen kann. Bei einem lebhaften Fohlen wählt man zu Anfang die Zeit, wenn es müde und satt in der Boxe liegt. Man geht an die linke Seite neben das Fohlen, legt den rechten Arm über den Hals und zieht mit beiden Händen das Halfter über den Kopf. Auf keinen Fall sollte man sich vor das Fohlen stellen und versuchen, das Halfter von vorn über den Kopf zu streifen. Das Fohlen bekommt dann Angst und weicht zurück.

Nach dem Halfteranlegen wird das Fohlen mit ein paar freundlichen Worten angesprochen und zur Belohnung am Hals geklopft. Das Halfter wird nach kurzer Zeit wieder abgenommen. Wenn man diese Übung einige Tage wiederholt, wird das Halfteranlegen bald zur Gewohnheit. Wir können mit der Erziehung fortfahren und dem Fohlen beibringen, angebunden zu stehen, damit wir es später putzen können. Beim ersten Mal ist es besonders wichtig, sich vorher von der Haltbarkeit des Halfters und des Stricks zu überzeugen. Das Fohlen wird nämlich möglicherweise versuchen, sich loszureißen, wenn es den Widerstand von Strick und Kette verspürt. Dann kommt es darauf an, daß nichts zerreißt und das Fohlen sehr schnell einsieht, wie vergeblich es ist, Widerstand zu leisten. Mit kurzem Loben wird auch diese Übung abgeschlossen und an den folgenden Tagen wiederholt. Wir binden das Fohlen in den ersten Tagen möglichst an der gleichen Stelle an, um die Gewöhnung zu erleichtern, am besten im Stall an der Futterkrippe. Erst wenn das Fohlen damit vertraut ist, sollte man es auf die Stallgasse führen und dort anbinden. Man sollte aber unbedingt in der Nähe des Stalles bleiben, damit die Stute ihr Fohlen im Auge behält und nicht unruhig wird.

Als nächstes üben wir Putzen und Hufe aufheben. Fohlen haben es gern, wenn der Striegel oder die Bürste durch ihr zotteliges Fell fahren. Sie versuchen sofort zu knabbern, als wollten sie dem Menschen zum Dank für diese Wohltat ebenfalls das

Fell kraulen. Dem entgeht man am besten durch sanftes Abbiegen des Kopfes oder durch ein kurzes »Laß das!« Mit der Zeit versteht das Fohlen, daß diese Art seiner Gegenliebe vom Menschen nicht gewünscht wird.

Das Aufheben der Hufe lernen die Fohlen leicht und gern. Man beginnt mit dem Bein, das gerade am wenigsten belastet wird, und hebt es nicht zu hoch, damit keine Balanceschwierigkeiten auftreten. Es ist Geschmacksache, ob man zuerst die Hinterbeine oder die Vorderbeine aufhebt. Nur sollte man das Aufheben mit einem kurzen Ansprechen: »Fuß« begleiten. Dann gewöhnt sich das Pferd daran und hebt später den Fuß auf Kommando schon bei leichter Berührung.

Der schwierigste Teil der Fohlenschule ist das Führen am Halfter und Strick. Dazu braucht man zwei Personen: eine für die Mutterstute und eine für das Fohlen. Die Stute wird vorausgeführt. Dann folgt das Fohlen freiwillig. Trotzdem kommt früher

Bild 2. Das Anlegen des Halfters beim Fohlen.

17

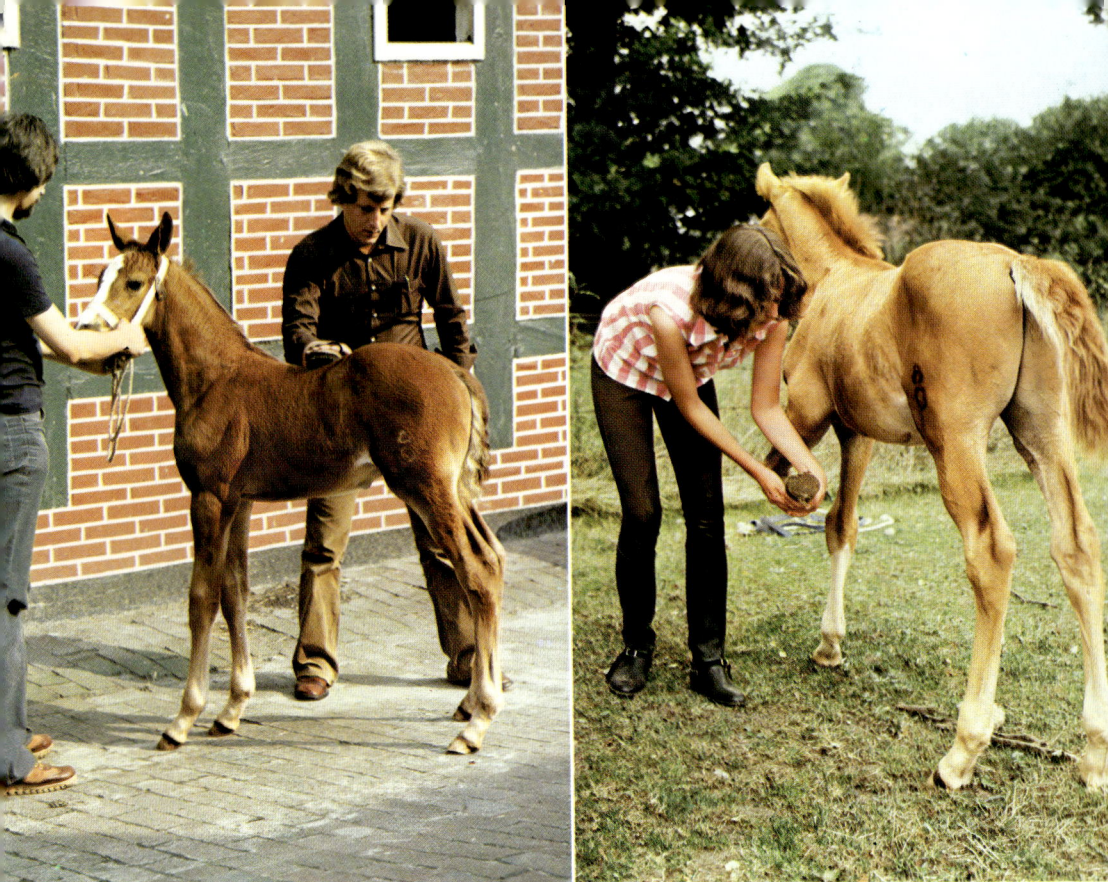

Bild 3. Gewöhnung an Pflegehandlungen: Fohlen haben es gern, wenn der Striegel oder die Bürste durch ihr zotteliges Fell fahren.

Bild 4. Das Aufheben der Hufe wird schon im Fohlenalter geübt.

oder später der Augenblick, in dem das Fohlen den Zug der Leine verspürt und sich ihm widersetzt. Jetzt muß der Betreuer viel Feingefühl entwickeln. Wenn er zieht, weckt er den Widerstand des Fohlens und fordert es zum Kampf heraus. Das ist nicht nur unnötig, sondern auch gefährlich; denn – einmal angespornt – entwickeln Fohlen Kräfte, gegen die der Führer normalerweise nicht ankommt. Ich erinnere mich an ein Erlebnis, wo ein Fohlen in Panik geriet und seinen Begleiter hinter sich herzog, bis er loslassen mußte. Dieser hatte zuvor versucht, durch Ziehen am Strick das etwas störrisch stehengebliebene Tier mit Gewalt vorwärts zu bringen. Der beste Rat ist in solchen Fällen: nicht ziehen, sondern nachgeben, neben das Fohlen treten und es vom Halfter aus erneut anführen. Der Begleiter muß mit Bestimmtheit auf das Fohlen einreden und es notfalls mit der Hand anklopfen, damit es weitergeht. Der Führer der Mutterstute sollte mit dieser unbeirrt weitergehen. Je mehr sich die Stute entfernt, desto eher wird das Fohlen ihr nachdrängen. Der Führer des Fohlens sollte sich ebenfalls wenig umsehen und das Fohlen nicht anschauen. Erfahrungsgemäß bleibt es dann nämlich erst recht stehen.

Auf den Stutenschauen werden die Stuten mit Fohlen bei Fuß vorgeführt. Dazu werden die Fohlen rechts neben der Mutter angebunden. Auch dies muß geübt werden, ist aber wesentlich leichter, als Stute und Fohlen einzeln zu führen, weil das Fohlen lieber bei der Mutter bleibt und diese im allgemeinen geduldig weitergeht, wenn ihr Sprößling Sperenzien macht.

Erfahrene Züchter geben sich damit zufrieden, wenn das Fohlen sich putzen, die Füße hochnehmen und sich am Halfter führen läßt. Mehr sollte in der Jugend nicht verlangt werden. Die Ausbildung des Reitpferdes ist langwierig und schwierig genug. Wir sollten dem jungen Pferd die Chance geben, im ersten und zweiten Lebensjahr so naturverbunden wie möglich aufzuwachsen. Dazu ist viel Weidegang erforderlich. Wir sollten in dieser Zeit den Schwerpunkt der Betreuung auf die sachgerechte Fütterung und Haltung einschließlich Pflege der Hufe und regelmäßiges Ausschneiden durch den Schmied legen.

Bild 5. Mutterstute mit Fohlen bei Fuß. Auf den Stutenschauen wird das Fohlen rechts neben der Mutter angebunden.

In welchem Alter wird ein Pferd zum Anreiten vorbereitet?

Es gibt Ausbilder, die lassen Jährlinge und Zweijährige bereits regelmäßig an der Hand springen. Es gibt auch Ausbilder, die longieren bereits Pferdekinder in diesem Alter. Für beides habe ich wenig Verständnis. Wer die Wachstumsprobleme junger Pferde kennt, weiß, daß jede Ausbildungsarbeit bei Warmblutpferden im ersten und zweiten Lebensjahr gesundheitsschädlich sein kann. Gerade Jährlinge und Zweijährige wachsen vorne und hinten unterschiedlich. Sie sind dann zeitweilig überbaut und haben dementsprechende Schwierigkeiten, sich im Gleichgewicht auszubalancieren. Ich verkenne nicht, daß in Züchterkreisen die Tendenz verfolgt wird, frühreife Pferde zu züchten, um sie dreijährig auf den Reitpferdeauktionen bereits als gerittene Pferde zu verkaufen. Rennpferde bestreiten schon zweijährig ihre ersten Rennen und laufen mit drei Jahren im Derby. Trotzdem wird der erfahrene Reitpferdeausbilder darauf bedacht sein, mit der Ausbildung eines ihm anvertrauten Reitpferdes erst zu beginnen, wenn das Wachstum der Gelenke, Knochen und Sehnen genügend weit fortgeschritten ist. Früher als mit drei bis dreieinhalb Jahren sollte kein Warmblutpferd angeritten werden.

Ich persönlich reite kein Pferd an, das nicht schon wenigstens drei Jahre alt geworden ist. Dabei lasse ich mich von folgenden Gesichtspunkten leiten: Pferde, die früh im Jahr geboren und daher schon weiter entwickelt sind, gewöhne ich etwa im April für vier bis sechs Wochen an die neue Umgebung, an Reitbahn, Trense, Longe und Sattel. Eventuell reite ich sie auch kurz an. Danach gönne ich ihnen im Sommer noch eine volle Weidesaison, bevor ich im Herbst mit der regelmäßigen Arbeit unter dem Reiter anfange.

Pferde, die erst in der zweiten Hälfte des Jahres Geburtstag haben, fördere ich im Frühjahr vor der Weidesaison bis zum Longieren, reite sie aber noch nicht. Sie sind mir entwicklungsmäßig noch zu schade zum Reiten. Ich reite sie erst im Herbst am Ende ihres dritten Lebensjahres an.

Ich habe die Erfahrung gemacht, daß die Ausbildung schneller und wesentlich unproblematischer vonstatten ging, wenn ich mich an diese Richtschnur gehalten habe. Keines meiner Erfolgspferde habe ich dreijährig in Materialprüfungen vorgestellt. »Winzerin«, mein olympisches Militarypferd von Rom 1960, kaufte ich 1956 als Vierjährige. Sie war gerade angeritten. »Arcadius« bekam ich vierjährig angeritten in den Stall. Ich habe ihn erst am Ende seines vierten Lebensjahres in regelmäßiges Training genommen und 1962, als er siebenjährig war, das Europachampionat der Dressurreiter in Rotterdam mit ihm gewonnen. »Fabiola« kauften wir zweieinhalbjährig, ritten sie mit dreieinhalb Jahren an, und ich gewann 1964, als sie sechsjährig war, mit ihr das Deutsche Dressurderby in Hamburg. »Ahlerich« bekam ich vierjährig über die Westfalen-Auktion in Münster. Ich habe ihn als Vierjährigen kaum geritten und nur einmal auf einem Turnier vorgestellt. Er gewann dann als Sechsjähriger zehn M- und S-Dressuren und siebenjährig neun Grand-Prix-Dressage-Prüfungen.

Wenn ich bei den vorerwähnten Pferden früher mit der Ausbildung begonnen hätte, wären diese Erfolge nach meiner festen Überzeugung nicht erzielt worden. Man muß die Geduld aufbringen, mit dem Beginn der Ausbildung abzuwarten, bis das Pferd genügend ausgewachsen und nervlich sicher und ausgeglichen ist. Dann kommt man nach meiner Ansicht am schnellsten zum Ziel und hat den zusätzlichen Vorteil, daß man die Leistungsfähigkeit des Pferdes – von Unglücksfällen abgesehen – über lange Jahre erhalten kann.

Die Umstellung von der Weide in den Stall

Wenn wir ein dreijähriges Pferd zum Anreiten in den Stall bekommen, wissen wir meistens nicht genau, welche Erziehung es bereits hinter sich hat. Wir sollten uns sorgfältig erkundigen, wo das Pferd aufgewachsen ist, wie die Stall- und Haltungsbedingungen waren und was mit dem Pferd bereits gemacht worden ist. Wir werden dies selten hundertprozentig erfahren, gehört es doch zum täglichen Leben, daß jeder nur Gutes über sein eigenes Pferd zu berichten hat.

Deshalb ist Mißtrauen angebracht. Ich habe mir zum Grundsatz gemacht, auch bei besten Auskünften den Zustand des Pferdes mit der gebotenen Vorsicht selbst zu untersuchen. Ich lasse es mir nicht entgehen, bei der Anlieferung der Remonte persönlich anwesend zu sein. Dabei beobachte ich sorgfältig das Ausladen aus dem Pferdetransporter, lasse mir das Pferd nach Möglichkeit kurz an der Hand im Schritt und Trab vorführen und dann in den ihm zugedachten Stall stellen. Da die Umgebung für das Pferd neu ist, sorge ich dafür, daß Ruhe herrscht und sich die anwesenden Menschen in ihrer Neugierde zurückhalten.

Der erste Eindruck, den das Pferd von seiner neuen Umgebung gewinnt, prägt sein weiteres Verhalten. Ich sorge daher für eine frisch eingestreute Boxe und ordne an, daß der Betreuer des Stalles etwaige Besucher fernhält. Das Pferd hat mit dem Erkunden seiner neuen Umgebung genug zu tun.

Auch an den nächsten vier bis fünf Tagen halte ich mich als Ausbilder zurück. Dies ist die Zeit der Gewöhnung des jungen Pferdes an seinen Pfleger. Nach Möglichkeit läßt man die junge Remonte in den Anfangswochen nur von *einem* Menschen versorgen; denn das unterschiedliche Verhalten mehrerer Menschen beansprucht die Nerven des Pferdes. Es kann zu Mißtrauen und nervösen Störungen führen, wenn mehr Personen als der Pfleger und der Ausbilder zuviel mit der Remonte in Kontakt treten.

In der Regel kommen die jungen Pferde von der Weide zum Anreiten in den Ausbildungsstall. Sehr viel Aufmerksamkeit muß deshalb der Futterumstellung gewidmet

Bild 6. Viele Pferde leiden unter Bewegungsmangel. Jeden Tag eine Viertelstunde lang frei in der Bahn laufen lassen, erleichtert der Remonte die Umstellung von der Weide in den Ausbildungsstall.

werden. Pferde, die von der Weide kommen, sollten anfangs etwa drei bis fünf Pfund Hafer erhalten. Sie bekommen dafür als Ausgleich mehr Heu (etwa 12 bis 15 Pfund) und genügend Stroh. Der Stall sollte ruhig zweimal am Tag frisch eingestreut werden. Mohrrüben (etwa ein bis zwei Pfund) sind zwei- bis dreimal in der Woche eine willkommene Abwechslung. Wir sollten darüber hinaus ein offenes Ohr für neue Erkenntnisse aus der Fütterungslehre haben und die diesbezüglichen Beiträge in Fachzeitschriften und Veröffentlichungen nachlesen. Die Reiter und erst recht die erfahrenen Pfleger sind im allgemeinen sehr konservativ eingestellt, was die Fütterung des Pferdes anbetrifft. Sie schwören auf die althergebrachte Futterzusammensetzung, bestehend aus Hafer, Heu und Stroh, und sind kritisch gegenüber modernen Fertigfuttermitteln. Das ist im Grundsatz gewiß besser, als wenn man sein Pferd zum Probanden macht, dem man bedenkenlos immer wieder neue auf den Markt kommende Fertigfutter zu fressen gibt. Wir sollten bei Neuerungen sowie bei der notwendigen Ergänzung der Grundnahrung durch Verabreichung von Vitaminen, Lecksteinen etc. vorher den Rat unseres Stalltierarztes einholen.

22

Auch die Bewegung des Pferdes ist bei der Umstellung von der Weide in den Ausbildungsstall von großer Wichtigkeit. Wir dürfen nicht vergessen, daß das Pferd von Natur aus einen außerordentlich stark entwickelten Bewegungstrieb hat. Das Pferd gilt als das Säugetier mit der höchstentwickelten Spezialisierung. Alles an ihm ist auf das eine Ziel hin, den schnellen, ausdauernden und wendigen Lauf, ausgerichtet. Dr. Wilhelm Blendinger weist in seinem Buch »Psychologie und Verhaltensweise des Pferdes« zu Recht darauf hin, daß heutzutage mehr Pferde dadurch gequält werden, daß sie zu wenig, nicht aber zuviel Bewegung haben.

Wir können der Remonte, die von der Weide in den Ausbildungsstall kommt, natürlich nicht im gleichen Umfang Bewegung geben, wie dies vorher auf der Weide möglich war. Das ist auch nicht unbedingt erforderlich. Wir müssen aber sicherstellen, daß das junge Pferd vom zweiten Tage seiner Ankunft an wenigstens eine volle Stunde täglich außerhalb der Boxe bewegt wird, am besten unterteilt in morgens und nachmittags je eine halbe Stunde. Wir können diese Bewegung in der ersten Woche nach der Anlieferung beruhigt dem Pfleger überlassen und uns auf die Beobachtung beschränken. Um so leichter gewöhnt sich das Pferd ein und faßt Vertrauen zu seinem ständigen Betreuer. Vormittags sollte dieser die Remonte wenigstens eine Viertelstunde lang frei in der Bahn laufen lassen, damit sie ihren Bewegungsdrang stillen kann. Nachmittags sollte der Pfleger die Remonte möglichst draußen an der Hand führen und sie dabei auf Spaziergängen die nähere Umgebung des Stalles erkunden lassen.

Parallel dazu wird das junge Pferd, soweit es dies in der Fohlenschule noch nicht gelernt haben sollte, an die Pflegehandlungen gewöhnt, wie Hufe auskratzen, striegeln, auswaschen des Afters und der Geschlechtsteile. Dabei ist das ruhige, aber bestimmte, unbeirrte Vorgehen ausschlaggebend, wie wir es bereits in der Fohlenschule besprochen haben. Der erfahrene Pfleger spricht ruhig zu seinem Pferd. Er benutzt für die einzelnen Handlungen zur Unterstützung wenige, kurze Worte, wie »Komm«, »Steh«, »Fuß«, »Brav«. Ein Wortschwall verunsichert die Remonte und würde von ihr ohnehin nicht verstanden.

Wir beobachten das Pferd

Im allgemeinen sollten wir uns im Umgang mit Pferden vor zuviel Vermenschlichung hüten. Zucker und Brot zur Unzeit provozieren Untugenden. Anstelle von übertriebenen Liebkosungen sollten wir uns durch genaue Beobachtung des Pferdes Gewißheit über seinen jeweiligen psychischen Zustand verschaffen und danach unser Handeln ausrichten. Gegenstand solcher Beobachtungen sind Auge, Ohr, Gesichtsausdruck, Schweif, Stimme, Schnauben, Schweißbildung und der Gang des Pferdes. Worauf achten wir im einzelnen?

Die Augen

Aus dem Auge des Pferdes können wir einiges über Temperament und Charakter ablesen. Ein ruhiges, klares und gutmütig blickendes Auge ist das Zeichen für einen angenehmen Charakter. Pferde, deren Augen klein und böse blickend erscheinen, haben oft Temperamentsschwierigkeiten. Pferden mit Augen, in denen viel Weiß zu sehen ist, sagt man nach, daß sie sehr energische und deshalb manchmal unbequeme Pferde sind.

Wenn das Auge des Pferdes unruhig blickt, deutet dies auf Ängstlichkeit hin. Das ist bei Stallwechsel nicht ungewöhnlich. Es zeigt an, daß das Vertrauen zum Pfleger und zu der neuen Umwelt noch nicht genügend gefestigt ist. Hält der unruhige Ausdruck aber trotz guter Behandlung an, besteht Anlaß zur Besorgnis; denn das ängstlich blickende Auge kann auch Ausdruck innerer Schmerzen sein. Wir sollten dann den Tierarzt hinzuziehen.

Die Ohren

Die Gemütsverfassung läßt sich am Ohrenspiel des Pferdes ablesen. Vorwärts gespitzte Ohren signalisieren eine ausgeglichene Stimmung. Aufgestellte, aber mit den Öffnungen rückwärts gedrehte Ohren deuten auf gespannte Aufmerksamkeit nach rückwärts hin. Zurückgelegte Ohren sind ein Zeichen von Unbehagen. Wenn wir dies sehen, müssen wir auf der Hut sein. Legt ein Pferd die Ohren zurück, ist es auf Abwehr eingestellt. Es kann plötzlich schlagen oder beißen. Wir müssen es kurz und energisch ansprechen.

Der Gesichtsausdruck

Den Gesichtsausdruck des Pferdes kann man beim ersten Beobachten häufig noch nicht voll erfassen. Dazu muß man das Pferd doch länger kennen. Das Mienenspiel des Pferdes, zu dem auch die Bewegungen der Nüstern und Lippen und der Ausdruck der Augen gehören, ist sehr vielseitig und vielgestaltig. Darin lesen zu können gehört zu den schönsten Erlebnissen im Umgang mit dem Pferd.

Der Schweif

Losgelassenes Gehen und Zufriedenheit verrät ein ruhig im Takt der Bewegung pendelnder Schweif. Ist er eingeklemmt oder steif hochgestellt, zeigt er Spannungen

Bild 7. Der Gesichtsausdruck des Pferdes zeigt uns sein Wesen: Der Trakehner-Hengst »Fabian« von »Donauwind« – die Gutmütigkeit in Person (siehe auch Bild Seite 2).

24

an, die oft auch auf Stallübermut hindeuten. Meistens folgen kurz darauf einige Luftsprünge aus Freude. Wenn der Bewegungsdrang nachläßt, trägt das Pferd dann auch den Schweif wieder normal.

Pferde, die während der Bewegung mit dem Schweif schlagen, sind oft kitzelig. Man darf sie später nicht zu früh mit Sporen reiten und muß sich auf eine gewisse Überempfindlichkeit einstellen.

Bei Pferden, die namentlich im Rennen und bei Geländeritten stark beansprucht worden sind, kann man beobachten, daß sie auf einmal beginnen, mit dem Schweif zu schlagen. Das ist ein Warnzeichen für Ermüdung.

Die Stimme

Pferde handhaben den Gebrauch ihrer Stimme unterschiedlich. Es gibt Pferde, deren Stimme man nur sehr selten laut hört. Es gibt andere Pferde, die ihre Artgenossen durch lautes Wiehern begrüßen. So machte zum Beispiel mein Olympiapferd »Dux« jedesmal, wenn es in eine fremde Umgebung kam, durch lautes freundliches Wiehern auf sich aufmerksam.

Junge Pferde wiehern häufig aus Aufregung den zurückgebliebenen Stallgenossen nach.

Es ist nicht schwer, ein Pferd so zu erziehen, daß es zur Begrüßung wiehert. Man braucht ihm nur jedesmal einen kleinen Leckerbissen mitzubringen. Wir erleben es auch häufig, daß Pferde durch dunkles Wiehern reagieren, wenn der Futterwagen kommt.

Ächzt, stöhnt oder schreit ein Pferd, kann man sicher sein, daß es starke Schmerzen hat. Dann sollte man sofort Hilfe herbeiholen.

Typisch und charakteristisch sind die Quieklaute, mit denen das Pferd Kitzelgefühle ausdrückt. Man hört sie, wenn zwei Pferde sich näher beschnuppern. Meistens folgt unmittelbar ein freundlicher Biß oder Tritt. Bei rossigen Stuten sind Quieklaute an der Tagesordnung.

Das Schnauben

Schnauben ist ein Zeichen für Zufriedenheit. Das Pferd zeigt an, daß es seine Spannungen aufgegeben hat und gelöst ist. Davon zu unterscheiden ist ein mehr schnarchendes Geräusch beim Einatmen und stoßweises Schnauben beim Ausatmen. Wir hören dies z. B. bei manchem Vollblüter im Galopp, wenn das Pferd aufgeregt ist, aus der Ferne ein furchterregendes Geräusch hört oder etwas Unbekanntes, Unheimliches herannahen fühlt. Laien verwechseln das Schnarchen des Vollblüters zuweilen mit dem sogenannten Ton, den der gesetzliche Hauptmangel Kehlkopfpfeifen auslöst.

26

Schweißbildung

Schweißbildung ist eine natürliche Erscheinung als Folge von Arbeit. Sie zeigt uns den Grad der Anstrengung an und ist insoweit ein Hilfsmittel für die Einteilung der Anforderungen. Bei großen Schmerzen, z.B. bei Kolik, ist plötzliche Schweißbildung üblich. Junge Pferde können auch vor Aufregung ins Schwitzen geraten. Sie zittern dann, und man kann ihr Herzklopfen in der Höhe des Sattelblatts fühlen.

Der Gang

Der Gang des Pferdes ist der Schlüssel für seine Leistungsfähigkeit. Deswegen gilt ihm unsere besondere Aufmerksamkeit.

Wenn ein junges Pferd aus dem Stall kommt, ist es ganz normal, wenn sein Gang gespannt ist. Der Bewegungsdrang bringt es mit sich, daß die Remonte zuerst ihrem Stallübermut Luft machen muß. Nach einiger Zeit gibt sich dies. Dann kann man den Bewegungsablauf studieren. An der Art und Weise, wie z.B. das junge Pferd im Galopp die kurze Seite der Reitbahn passiert und sich dabei ausbalanciert oder nicht, kann man ablesen, was man in der späteren Galopparbeit zu erwarten hat. Die Trabmechanik zeigt mir an, welche Entwicklungsmöglichkeiten das Pferd in sich birgt. Man könnte ein ganzes Buch allein darüber schreiben, welche Rückschlüsse und Ausbildungshilfen die Beobachtung eines frei laufenden Pferdes vermittelt. Das Sehen ist eine wertvolle Ergänzung zu dem, was der Reiter im Sattel fühlt.

Gewöhnung an Sattel und Zaumzeug

Außer Halfter und Strick sind der Remonte die Ausrüstungsgegenstände unbekannt. Wir müssen sie daran also erst gewöhnen, bevor wir mit der eigentlichen Ausbildungsarbeit beginnen können. Unser Kontaktmann ist der Pferdepfleger, zu dem das junge Pferd durch den täglichen Umgang beim Füttern und Putzen das größte Vertrauen hat.

Bei schwierigen Pferden bedient sich der Pfleger eines besonderen Tricks: Er nutzt die angenehme Erinnerung des Pferdes an das Futter aus und bringt die für das Pferd unheimlichen Gegenstände zusammen mit der Futterschwinge herein. Das Pferd wird zum Füttern an den Trog angebunden, der Hafer eingeschüttet, und anschließend legt der Pfleger in zwangloser Reihenfolge Decke, Gurt und Gamaschen an. Bandagen und Gamaschen kann man auch problemlos nach dem Putzen auf der Stallgasse anlegen. Bei Gurt und Decke ist Vorsicht geboten, weil das Pferd sich möglicherweise beim Gurtanziehen, selbst wenn es noch so vorsichtig gemacht wird, hinschmeißen kann.

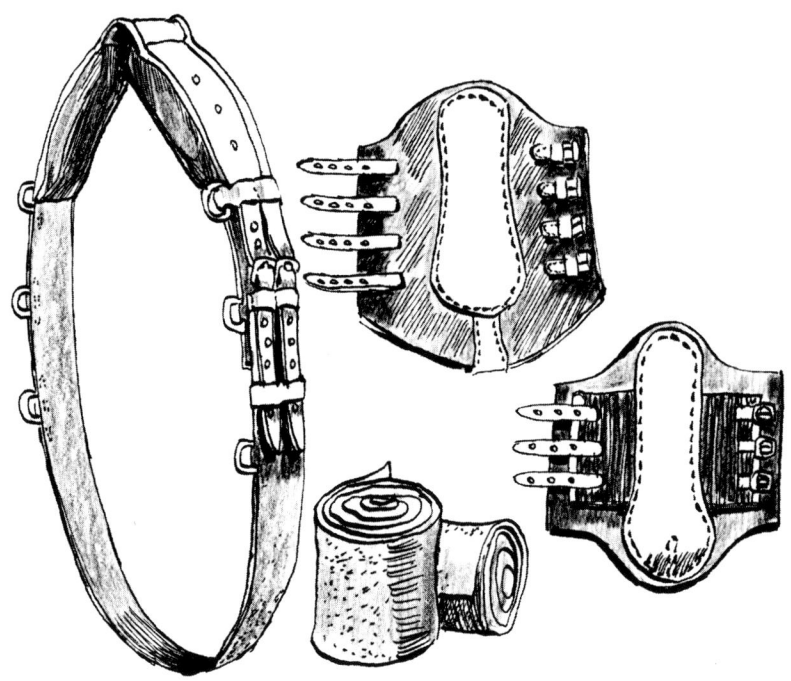

Bild 8. Longiergurt, Gamaschen und Bandagen.

Gurt, Gamaschen und Bandagen werden in den nebenstehenden Abbildungen erläutert und beschrieben. Ich habe bei jungen Pferden Gamaschen und Bandagen gleichermaßen verwendet. Gamaschen sind vielleicht besser und leichter zu reinigen. Bandagen müssen öfters gewaschen werden. Da ich jungen Pferden während der ersten Winterarbeit noch keine Eisen auflegen lasse, erfüllen Gamaschen und Bandagen als Schutz gegen Sehnentritte und Überbeine in etwa die gleiche Wirkung. Bei beschlagenen Pferden mögen Ledergamaschen den besseren Schutz abgeben. Bis zu einem gewissen Grade ist dies Ermessenssache.

Es gibt Ausbilder, die mit guten Gründen die Meinung vertreten, daß junge Pferde blank gehen sollen, um sie nicht zu verweichlichen. Sie sollen sich selbst korrigieren, wenn sie sich einmal anschlagen und dabei wehtun. Auch wird von den Fürsprechern dieser Methode darauf hingewiesen, daß die Sehnen der Vorderbeine durch Bandagieren zu früh entlastet werden, anstatt sie durch die Natur stärken zu lassen.

Ich möchte dem nicht widersprechen, weil auch ich der Ansicht bin, daß wir die Natur nicht vergewaltigen sollten. Nur ist bei mir die Sorge um ein Überbein mindestens ebenso groß, weshalb ich grundsätzlich alle Pferde zum Reiten oder Longieren bandagieren bzw. ihnen Gamaschen auflegen lasse. Ich tue dies allerdings nur vorne. Die

28

Hinterbeine lasse ich blank. Dort ist die Gefahr von Überbeinen durch Anschlagen so gering, daß ich der natürlichen Methode den Vorzug gebe. Ich vermeide, soweit ich dies für den Verwendungszweck meines Pferdes verantworten kann, alle Maßnahmen, die zur Verweichlichung des Pferdes führen können. Bei einem gerade gehenden Pferd, das vorne nicht bügelt und hinten nicht dreht, verringert sich die Gefahr des Streichens oder Anklopfens ohnehin.

Die richtig verschnallte Trense

Auftrensen läßt sich mit Füttern nicht verbinden. Ich habe die Erfahrung gemacht, daß dies nach dem Fressen am besten geht. Eine Trense ist auf der nächsten Seite abgebildet und mit ihren einzelnen Teilen erläutert. Solange ich Pferde anreite, habe ich die einfache Wassertrense mit hannoverschem Reithalfter benutzt. So werde ich es auch in der Zukunft halten, wenngleich man immer mehr Pferde bereits im jungen Alter mit Spezialgebissen und Sonderhalftern sieht. Die wichtigsten nach der LPO zugelassenen Gebisse und Reithalfter werden deshalb nebenstehend der Vollständigkeit halber abgebildet.

Das hannoversche Reithalfter hat den Zweck, das Maul des Pferdes geschlossen zu

Bild 9. Die gebräuchlichsten der laut LPO erlaubten Gebisse:

Wassertrense mit einfachem, einmal gebrochenem rundem Gebiß aus Metall oder Gummi

Olivenkopftrense mit einfachem, einmal gebrochenem rundem Gebiß aus Metall oder Gummi

Knebeltrense mit einfachem, einmal gebrochenem rundem Gebiß mit Knebeln unten und/oder oben

Einfaches ungebrochenes Gummigebiß

Renntrense mit einfachem, einmal gebrochenem rundem Gebiß aus Metall oder Gummi

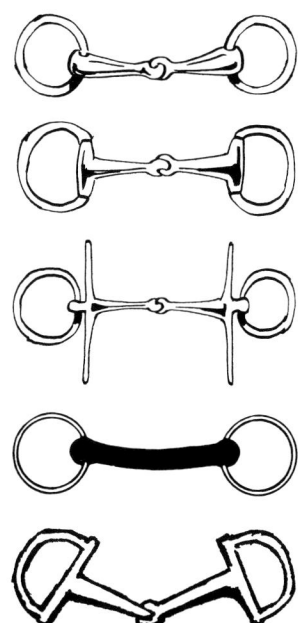

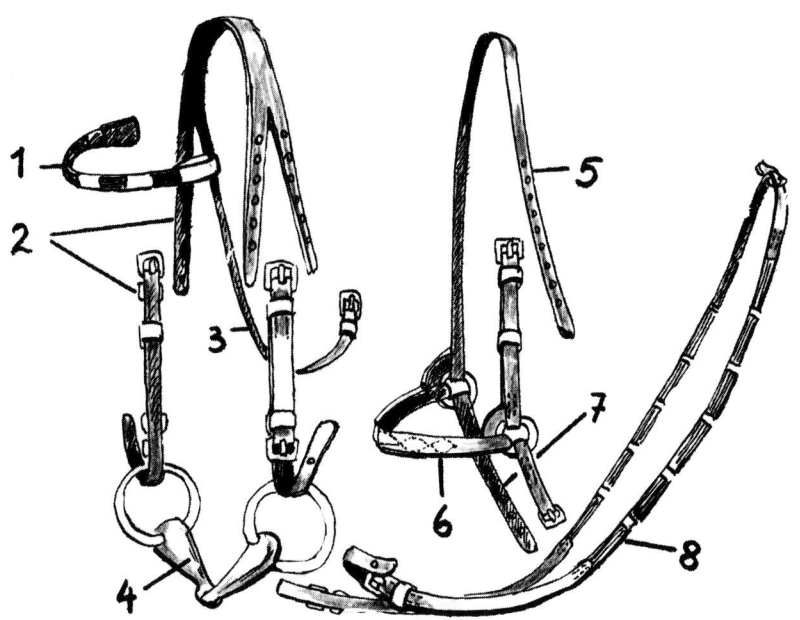

Bild 10. Die Einzelteile der Trense:

1 Stirnband	5 Hannoversches Reithalfter
2 Backenstück	6 Nasenriemen
3 Kehlriemen	7 Kinnriemen
4 Trensengebiß	8 Zügel

Bild 11 (rechts). Verschiedene Reithalfter. Von oben nach unten: Hannoversches Reithalfter, englisches Reithalfter, englisches Reithalfter mit zusätzlichem Kinnriemen, mexikanisches Reithalfter.

halten und dadurch das Pferd daran zu hindern, dem Gebiß durch Bewegungen des Unterkiefers auszuweichen. Das englische Reithalfter ähnelt dem Reithalfter der Kandarenzäumung, wirkt also oberhalb des Trensengebisses, während das mexikanische Reithalfter mehr Druck auf das Nasenbein ausübt und zwei Kinnriemen aufweist.

Es ist klar, daß nur eine richtig verschnallte Trense die Gewähr dafür gibt, daß das Pferd diese annimmt und keine Maulfehler provoziert werden.

Eine richtig sitzende Trense ist auf Seite 33 abgebildet. Auf die Erläuterungen wird verwiesen. Ich erinnere besonders an die richtige Lage des Gebisses im Pferdemaul. Auf einen Punkt möchte ich außerdem hinweisen: die Unsitte, den Nasenriemen zu fest anzuziehen. Im Normalfall sollen zwischen Nase und Nasenriemen etwa zwei Finger Platz haben. Dann fühlt sich das Pferd nicht beengt und wird gleichwohl angehalten, das Maul geschlossen zu halten. Ziehe ich den Nasenriemen zu stramm an,

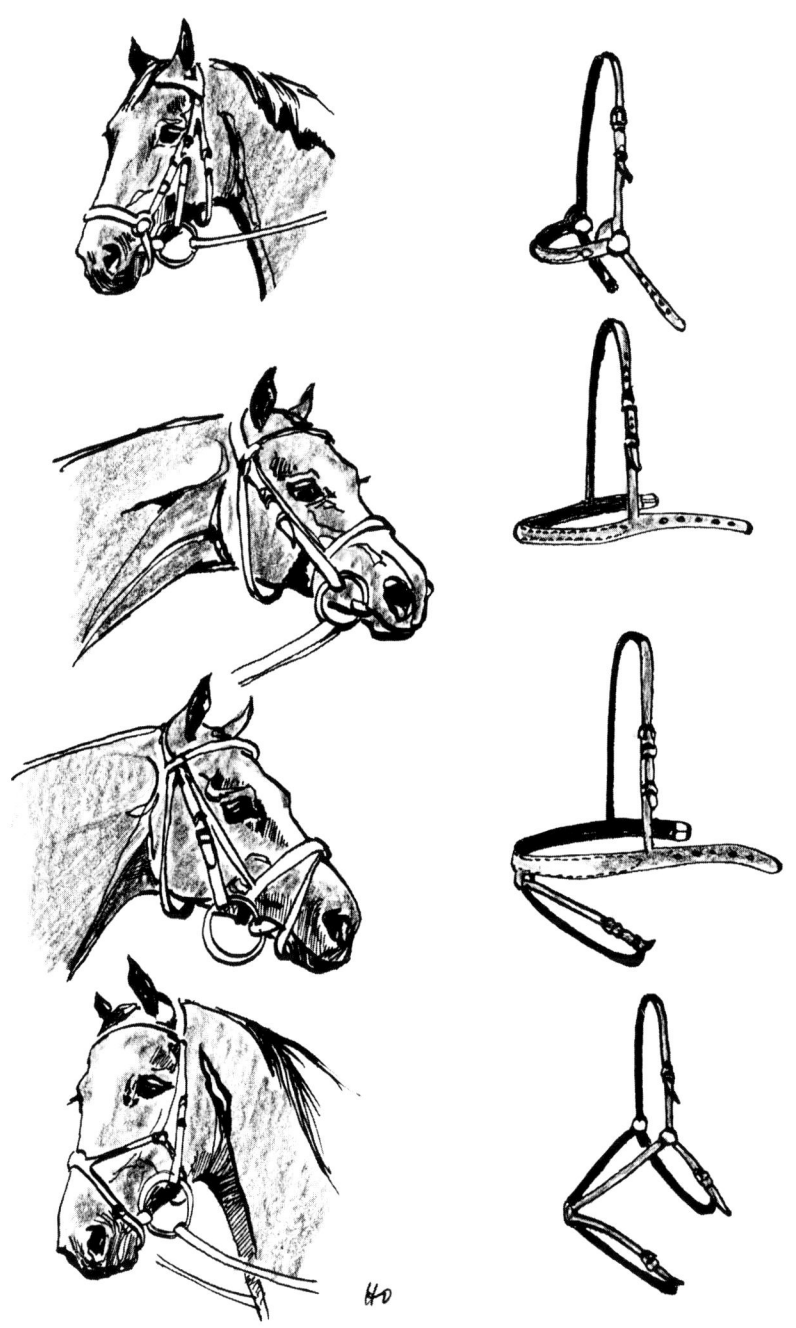

Bild 12. Auftrensen. Die Zügel sind über den Hals gelegt, damit das Pferd nicht wegläuft.

habe ich den Maulwiderstand bereits vorprogrammiert. Nicht nur, daß die Luftzufuhr behindert wird, weil das Pferd nur durch die Nase atmet, sondern das Pferd fühlt sich insgesamt eingezwängt. Das Maul bleibt tot, und den daraus folgenden Widerstand gegen die Hand kann man sich vorstellen. Ein gelegentliches Zeigen der Zunge kann mit festgezogenem Nasenriemen zwar vorübergehend verhindert werden. Dauerhaft beheben kann man den Fehler dadurch nicht. Das Pferd wird immer schlauer, so daß der Nasenriemen immer stärker nachgezogen werden muß, um Momentanerfolge zu erzielen. Ich habe derartige Zungenfehler dauerhaft mit Erfolg dadurch korrigiert, daß ich in das andere Extrem überging, den Nasenriemen ganz lockerte oder ihn für eine Zeitlang durch ein englisches Reithalfter ersetzte.

Der Sattel

Den Sattel sollte man frühestens nach acht bis zehn Tagen in der Boxe auflegen, und zwar zuerst ohne Bügel und Gurt. Zwei bis drei Tage später wird dann der Gurt angelegt und im Verlauf von etwa einer Woche allmählich angezogen. Dadurch vermeidet man, daß sich das Pferd aufbläht oder Sattelzwang bekommt.

32

Bild 13. So sieht eine richtig verschnallte Trense aus.

Andere Ausbilder gewöhnen das Pferd erst an den Sattel, wenn es das Mustern an der Hand beherrscht und schon mit Gurt longiert worden ist. Ich halte dies für eine Geschmacksfrage. Wir haben den Sattel immer sehr früh aufgelegt, auch wenn er noch nicht gebraucht wurde. Dann haben wir das Mustern an der Hand geübt. Später, wenn der Sattel zum Anreiten benötigt wurde, war er für das Pferd schon ein alter Bekannter. Das hatte Vorteile.

Wir benötigen für die Grundausbildung des jungen Reitpferdes einen Vielseitigkeitssattel. Spezialsättel für die Disziplinen Dressur und Springen sind Luxusgegenstände, die man sich zunächst sparen kann. Der Vielseitigkeitssattel ist auf der nächsten Seite abgebildet, ebenso seine einzelnen Teile. Die Lage des Sattels muß der Körperform des Pferdes angepaßt werden; denn nur auf einem richtig gebauten und gut liegenden Sattel kann der Reiter richtig sitzen und einwirken. Es lohnt sich, einen Fachmann zu Rate zu ziehen und einen Sattel erst zu kaufen, nachdem er ohne Sattelunterlage dem Pferd aufgelegt und für gut befunden worden ist. Der richtig gebaute und korrekt aufgelegte Sattel mit vorschriftsmäßig liegendem Sattelgurt ist aus der Abbildung 16 ersichtlich.

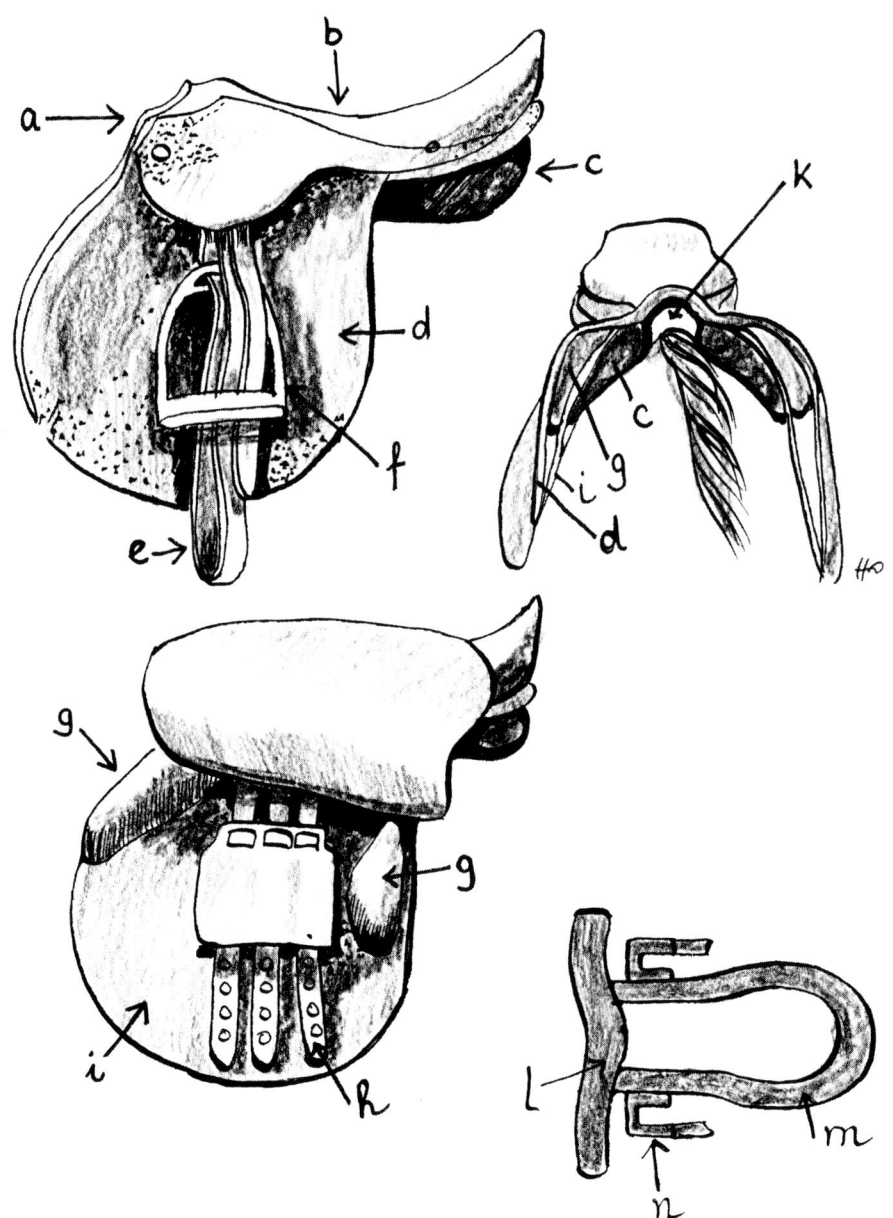

Bild 14 (links). Der Vielseitigkeitssattel und seine Einzelteile:

a Kammer
b Sitzfläche
c Polster
d Sattelblatt
e Bügelriemen

f Bügel
g Pauschen
h Gurtstrippen
i Schweißblatt
k Kammer

l Bogen des
  Sattelbaums
m Steg
n Sturzfeder
  (Steigbügelfeder)

Bild 15. Von oben nach unten: Vielseitigkeitssattel, Dressursattel, Springsattel.

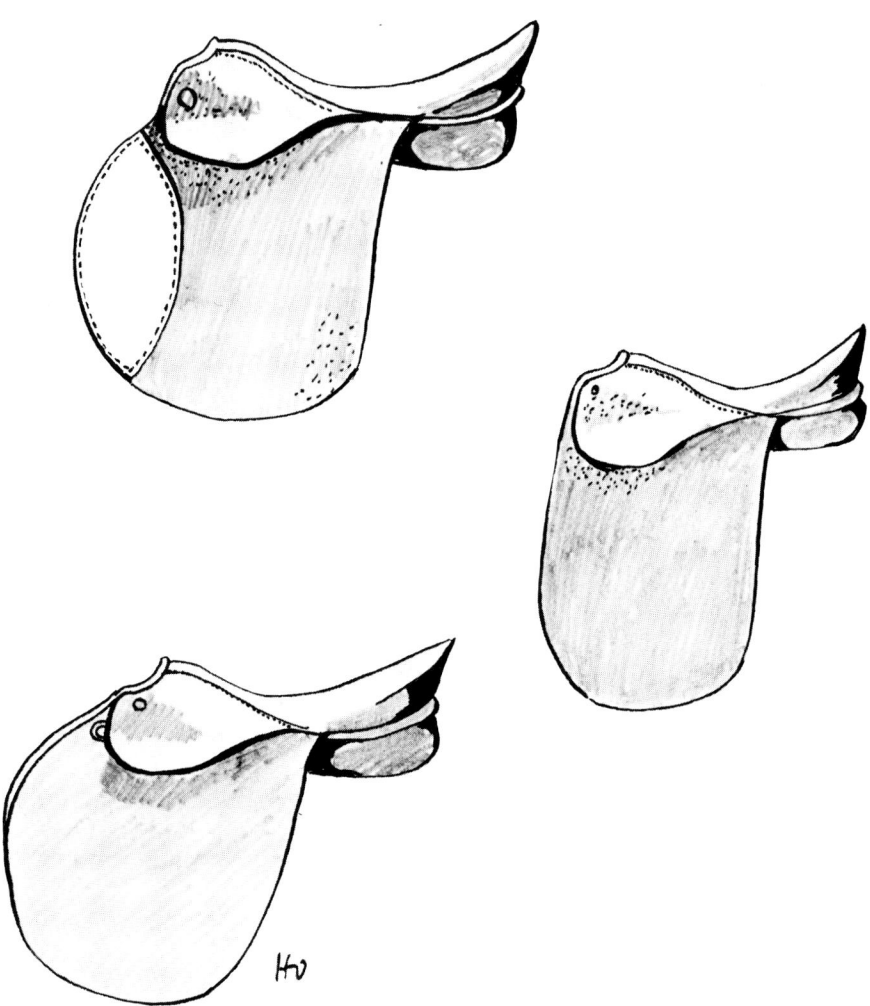

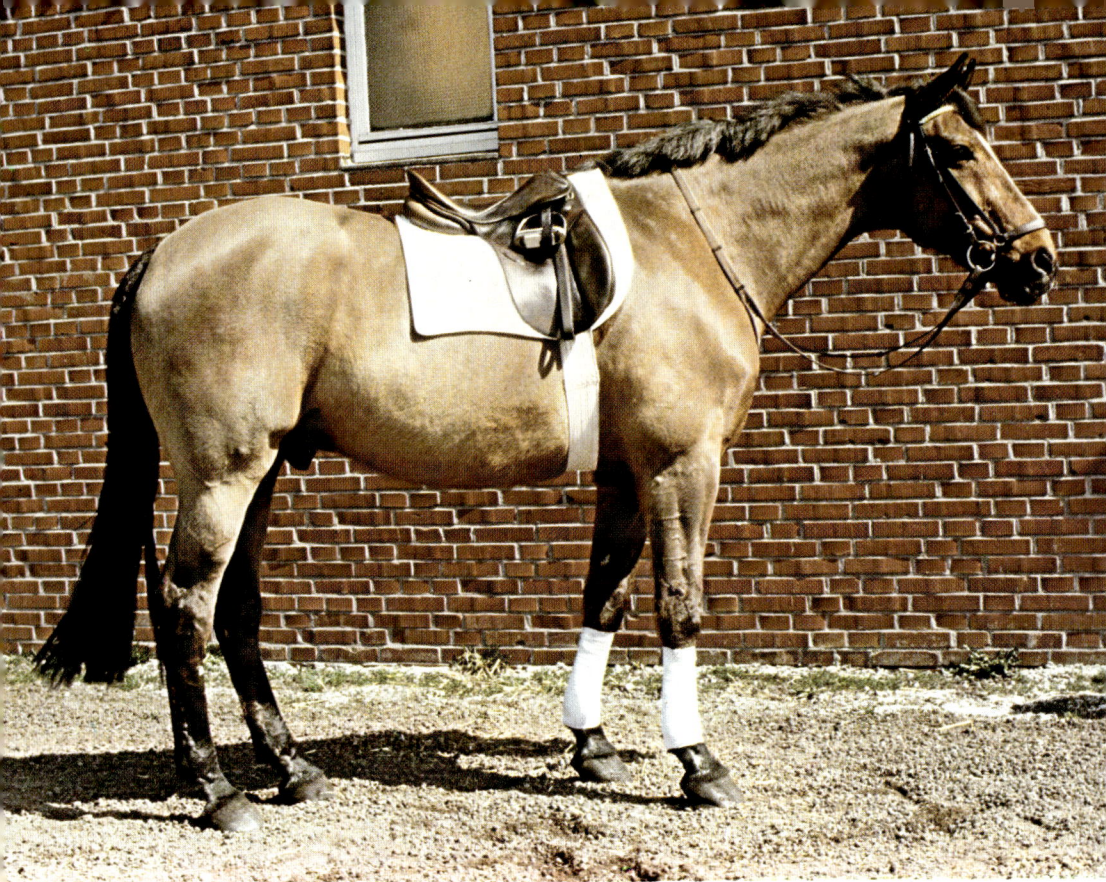

Bild 16. Der richtig aufgelegte Sattel.

Mustern an der Hand

Alljährlich im Herbst werden die zweieinhalbjährigen Hengste erstmalig zur Körung
vorgestellt. Die Elitestuten werden dreijährig der Prämierungskommission zur Ver-
gabe von Staatsprämien vorgeführt. Hierzu muß fleißig geübt werden, wenn man einen guten Eindruck hinterlassen und die Vorzüge seines Pferdes voll zur Geltung
bringen will. Darüber hinaus gibt es viele Gelegenheiten und Notwendigkeiten, die
Remonte dem Tierarzt, dem Schmied, dem Preisrichter oder einer Ankaufskommis-
sion zur Beurteilung von Gebäude und Gangwerk zu zeigen.Wir nennen dies Mustern oder Vormustern an der Hand, wofür es eine feste Form gibt.
Das Mustern an der Hand ist eine gute Vorübung für das spätere Anreiten. Es erfolgt
stets mit dem ungesattelten Pferd und besteht aus zwei Teilen: dem Aufstellen des
Pferdes und dem Vorführen des Pferdes.

Das Aufstellen des Pferdes

Zum Aufstellen des Pferdes hält der Reiter in Höhe des Beurteilers an, tritt einen Schritt vor und stellt sich vor den Kopf des Pferdes, die Beine etwas auseinander. Mit der linken Hand erfaßt er den rechten Zügel und mit der rechten Hand den linken Zügel in Höhe der Trensenringe, wie es die nebenstehende Abbildung zeigt. Die Daumen sollen auf den Trensenringen liegen und die Zügelenden in der rechten Hand verbleiben. Anschließend überzeugt sich der Reiter, ob das Pferd gleichmäßig auf allen vier Beinen steht. Ist dies nicht der Fall, wird durch leichtes Vorwärtsziehen oder weichen Druck auf das Maul die Stellung korrigiert. Steht das Pferd gerade und so auf allen vier Beinen, daß der Beurteiler diese offen sehen kann, hebt der Reiter den Kopf des Pferdes etwas an, um den Hals und die Gesamterscheinung vorteilhaft zur Geltung zu bringen.

Selbstverständlich achtet der Reiter darauf, daß das Pferd auf einer ebenen Fläche steht. Die ganz Klugen suchen sich sogar ein Plätzchen, das vorne etwas höher ist, so daß die Linien des Pferdes bergauf weisen. Vor Händlerställen kann man solche Vorführplätzchen zuweilen antreffen. Bei offiziellen Anlässen achtet der Veranstalter darauf, daß diese kleinen Tricks nicht möglich sind, indem der Boden genau geradegeschoben wird.

Nach der Vorstellung tritt der Reiter an die linke Seite des Pferdekopfes zurück und nimmt die Zügel wieder in die rechte Hand. Die Zügel werden durch die Zeige- und

Bild 17. Aufstellen des Pferdes zum Vormustern.

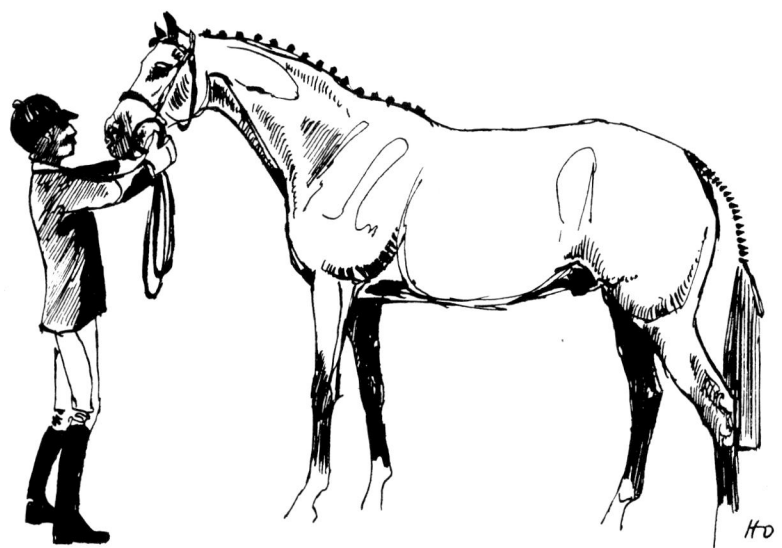

37

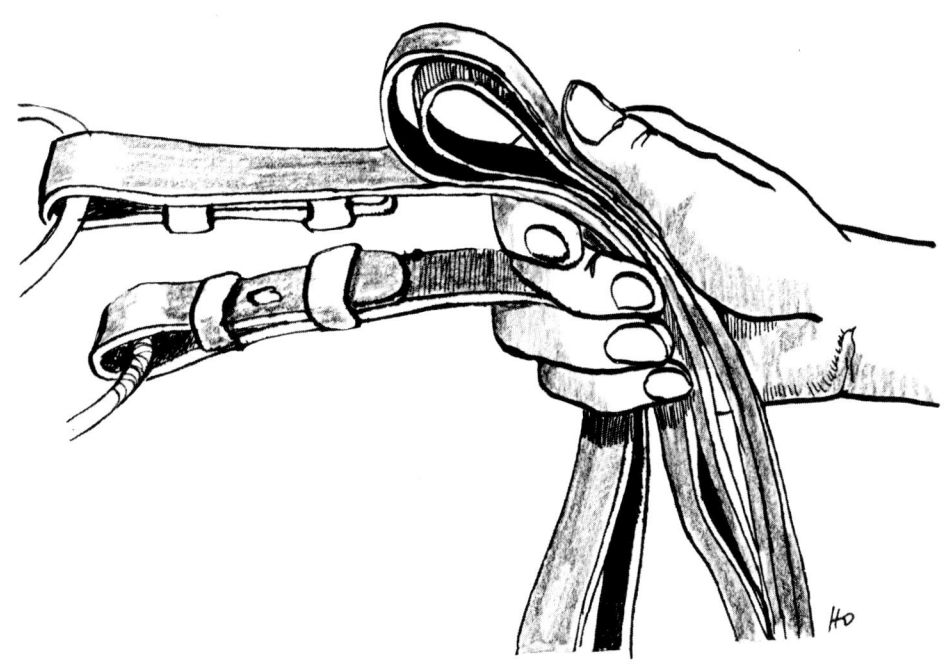

Bild 18. Die richtige Zügelführung beim Vormustern.

Mittelfinger geteilt, und zwar etwa eine Handbreit unterhalb der Trensenringe. Der rechte Zügel soll etwas kürzer gefaßt werden als der linke, damit der Kopf nicht nach innen gezogen wird. Die Zügelenden laufen von unten nach oben durch die volle rechte Hand und werden vom Daumen festgehalten.

Das Vorführen des Pferdes

Das Vorführen des Pferdes kennen wir in zwei Formen. Soll das Pferd umfassend beurteilt werden, erfolgt das Vorführen auf einer in Dreiecksform angelegten Bahn, wie nebenstehend abgebildet. Sonst begnügt man sich mit dem Hin- und Herführen auf einer geraden Linie, an deren Ende das Pferd rechtsum gewendet wird. Wir führen das Pferd stets zuerst im Schritt und dann im Trab. Im Galopp an der Hand wird kein Pferd vorgeführt. Wenn man den Galoppsprung des Pferdes sehen will, läßt man es in der Bahn frei laufen.

Der Reiter begleitet das Pferd beim Vorführen, indem er links neben dem Pferd etwa in Höhe des Pferdekopfes mitgeht. Die rechte Hand (Zügelhand) hält er in Schulterhöhe. Den linken Arm läßt er zwanglos herabhängen. Beim Traben versucht der Reiter, im Gleichschritt mit dem Pferd mitzulaufen.

Dies ist die vorgeschriebene Form des Musters an der Hand. Aus der Beschreibung der einzelnen Teile wird deutlich, was wir der Remonte alles beibringen müssen, bevor wir sie fachgerecht zeigen können. Zum Üben empfehle ich, eine lange Reitgerte mitzunehmen. Auch gehe ich anfangs mehr neben der linken Schulter des Pferdes und fasse die Zügel lang. Dadurch gelingt es mir leichter, das Pferd gehorsam zu machen. Ich nehme es sozusagen zwischen Gerte und Zügel an die Hilfen.

Zunächst marschiere ich einfach los und führe das Pferd am langen Zügel mit mir, so wie es dies in der Fohlenschule gelernt hat. Dabei schaue ich das Pferd nicht besonders an. Ich gehe so selbstverständlich und bestimmt, daß mein Pferd überhaupt nicht auf den Gedanken kommt, es solle etwas Besonderes tun. Dann bleibe ich stehen und spreche ein beruhigendes »Halt«. Das junge Pferd wird noch einige Schritte weitergehen, aber ebenfalls verhalten, weil es auf mich achtet. Ich gebe dann einen kleinen Anzug am Zügel und lasse sofort wieder los, um einem etwaigen Widerstand zuvorzukommen. Nach einem erneuten »Halt« oder »Brav« wird das Pferd ebenfalls stehen. Ich klopfe es mit der rechten Hand kurz am Hals und verweile einige Augenblicke, in denen ich das Pferd genau anschaue. Dann blicke ich wieder nach vorn, gehe weiter und sage »Komm«. Das Pferd wird mir folgen. Zögert es, gebe ich ihm mit der Gerte einen leichten Schlag an das Sprunggelenk.

Diese Übung: weitergehen und anhalten wiederhole ich so lange, bis sie sitzt. Das kann sich über die ganze erste Woche nach der Anlieferung hinziehen. Ich beginne

Bild 19. Vorführdreieck.

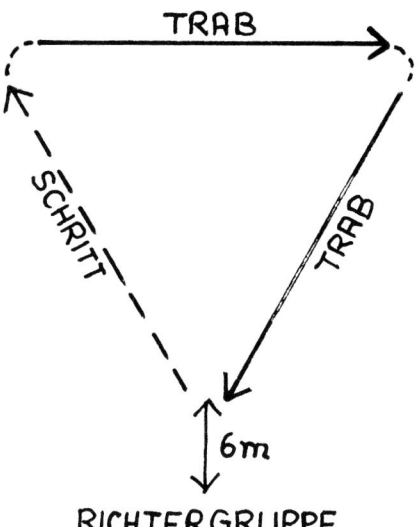

Bild 20. Im Gleichschritt mit dem Pferd. Vorführen eines jungen Hengstes auf der Körung. Der Oldenburger »Uranus« von »Ultimo xx«.

immer erst, nachdem ich das Pferd in der Bahn frei habe laufen und sich austoben lassen. Sonst schaffe ich mir unnötige Probleme.

Trotzdem wird der Tag kommen, an dem mein Pferd beim Anführen, meistens beim Antraben, heftig wird und davonstürmen will. Dann kommt die Bewährungsprobe für den Reiter. Er muß die berühmte Zehntelsekunde schneller reagieren als sein Pferd. Es bleibt ihm nichts anderes übrig, als mit ein, zwei kurzen, notfalls festen Anzügen im Maul der Remonte klarzumachen: hier ist Stopp, weiter geht es nicht! Auf keinen Fall darf der Reiter am Zügel ziehen. Dann riskiert er, daß sich das Pferd festbeißt und ihn mitschleift. Ein kurzer, aber leichter Ruck mit sofortigem Nachlassen des Widerstandes stellt für die Remonte eine solche Überraschung dar, daß sie unwillkürlich abbremst.

Später, wenn der Gehorsam mehr gefestigt ist, benutze ich während des offiziellen Vorführens die freie linke Hand und halte sie dem Pferd zur Beruhigung vor das Gesicht, falls es heftig wird. Faule Pferde werden beim Mustern an der Hand durch eine Hilfsperson angetrieben. Dabei ist das Knallen mit der Peitsche eine weit verbreitete

40

Unsitte. Natürlich kann ich dadurch und durch Geräusche wie Klappern ein feuriges Temperament und gespannte Tritte vortäuschen. Nur darf man sich nachher nicht wundern, wenn diese Pferde auch bei anderen Gelegenheiten ein Geräusch aus dem Hintergrund zum Anlaß nehmen, um abzuhauen.

Die Erziehung zum Gehorsam für das Mustern an der Hand ist eine wichtige Vorstufe für die Ausbildung des Reitpferdes. Remonten, die hierbei ihr Vertrauen zum Menschen außerhalb des Stallbereiches gefestigt haben, sind innerlich darauf vorbereitet, Neues zu lernen. Remonten, die beim Mustern schlechte Erfahrungen gemacht haben, bleiben hinterher lange mißtrauisch. Vorführer mit harten, gefühllosen Händen, haben manche Maulschwierigkeit auf dem Gewissen. Deshalb sollten junge Pferde zum Mustern an der Hand nur von erfahrenen Betreuern angelernt werden. Ich gebe fremden Personen mein junges Pferd zum Vorführen nicht in die Hand, sondern führe es selbst oder beauftrage damit den ihm vertrauten Pfleger.

Longieren und erstes Anreiten

Von nun an beginnt vermehrt die Arbeit des Ausbilders. War es bisher richtig, daß er sich mehr beobachtend im Hintergrund aufhielt und vornehmlich den Pfleger einschaltete, so kommt jetzt die Zeit, in der der Reiter als Hauptperson in den täglichen Ausbildungsweg des jungen Pferdes tritt. Freilich wird der Pfleger noch nicht überflüssig. Wir brauchen ihn als Hilfsperson noch vom Anlongieren bis zum ersten Anreiten des Pferdes.

Die Fachleute sind sich durchaus nicht einig darüber, ob und wie lange ein Pferd anlongiert werden sollte, bevor man es erstmalig reitet. Hans Joachim Köhler, durch dessen Hände bei den Verdener Reitpferdeauktionen mehr junge Pferde gegangen sind als bei jedem anderen Remonteausbilder der Nachkriegszeit, hält von langem Longieren nicht viel. Er spricht sich für kurzes Longieren aus und empfiehlt schon beim ersten Longieren nach Beendigung des Weideganges die Sattelgewöhnung und das Anheben des Reiters bis zur Platznahme im Sattel. Durch die Brille des Verkäufers ist dieser Rat durchaus verständlich, zumal wenn es sich um die Auswahl von Elitepferden aus einer großen Zuchtbasis handelt. Durch die Brille des Ausbilders, der nach der Auktion die Remonten in den Sport bringen soll, ist es verständlich, wenn mehr Muße gepredigt wird. Ich bin auch kein Freund davon, Pferde durch langes Longieren zu ermüden und ihnen den Schmelz zu nehmen. Aber in der Gewöhnungsphase bis zum ersten Anreiten nehme ich mir doch etwa drei bis vier Wochen Zeit. Ich denke dabei besonders an den langen Ausbildungsweg, den ich noch vor mir habe und den ich ohne gesundheitliche Schäden für mein Pferd nur erfolgreich absolvieren kann, wenn ich auf das Wachstum und die Entwicklung der jungen Remonte Rücksicht nehme und gelernt habe zu warten.

Longieren ist auch nach dem Anreiten und während der weiteren Grundausbildung eine wertvolle Ausbildungshilfe. Sie begleitet und ergänzt die Arbeit unter dem Reiter. Abgesehen vom Anlongieren hat sich nach meinen Erfahrungen das Longieren zum Lösen vor dem Reiten, namentlich bei Pferden mit Rücken- und Halsschwierigkeiten, bewährt. Besonders nach Stehtagen kann es angebracht sein, den Stallübermut des Pferdes durch ca. 15 bis 20 Minuten langes Longieren abkühlen zu lassen.

Darüber hinaus kann man an bestimmten Tagen das Longieren anstelle des Reitens ansetzen, wenn man z.B. beobachten will, wie etwas von unten aussieht, was man von oben im Sattel fühlt, oder wenn man als Ergänzung zum Reiten das ehrliche Herantreten an das Gebiß durch gefühlvolles Antreiben der Hinterbeine erreichen will. Im einzelnen wird dies noch in den späteren Kapiteln angesprochen, wenn wir bei der eigentlichen Ausbildung unter dem Reiter angelangt sind. Nur soviel sei hier bereits erwähnt: Longieren ist genauso schwierig wie Reiten. Der Longenführer braucht viel Erfahrung. Er kann durch unsachgemäßes Vorgehen großen Schaden anrichten. Deshalb sollte man im Verhinderungsfalle sein Pferd nur einem erfahrenen Longenführer anvertrauen und das Programm mit ihm vorher genau besprechen.

Anlongieren

Die Arbeit an der Longe bereitet das Anreiten vor. Das Pferd lernt durch Stimme, Peitsche und Longe treibende und verhaltende Hilfen. Es wird dazu gebracht, ungestört durch ungewohntes Reitergewicht sich an das Gebiß heranzudehnen, anfängliche Verkrampfungen abzulegen und das Gleichmaß der Bewegungen in den drei Gangarten Schritt, Trab und Galopp wiederzufinden.
Man soll jungen Pferden beruhigt eine längere Longierperiode zur Vorbereitung auf das Anreiten gönnen. Wer ein dreijähriges Pferd im Frühjahr anreiten will, sollte es vorher etwa vier Wochen longieren. Wer im Herbst anfängt, sollte sich mindestens drei Wochen Zeit dazu nehmen.

Die Longierausrüstung

Wir benötigen zum Longieren außer der Trense und den Gamaschen bzw. Bandagen folgende Spezialausrüstung:

> Longiergurt
> Kappzaum
> Ausbindezügel
> Longe
> Longierpeitsche

Den Longiergurt haben wir bereits auf Seite 28 abgebildet. Er sollte 15 bis 20 Zentimeter breit und in der Sattellage gut gepolstert sein. Wir kennen auch den Longiergurt, der über den Sattel gelegt wird. Dieser ist nicht gepolstert. Man braucht dann zum Reiten nicht erst umzusatteln, sondern nur den Gurt abzunehmen. Das ist praktischer. An jeder Seite des Gurtes sind in kleinen Abständen je drei bis vier Ringe angebracht, die zum Höher- und Tieferstellen der Ausbinder dienen.

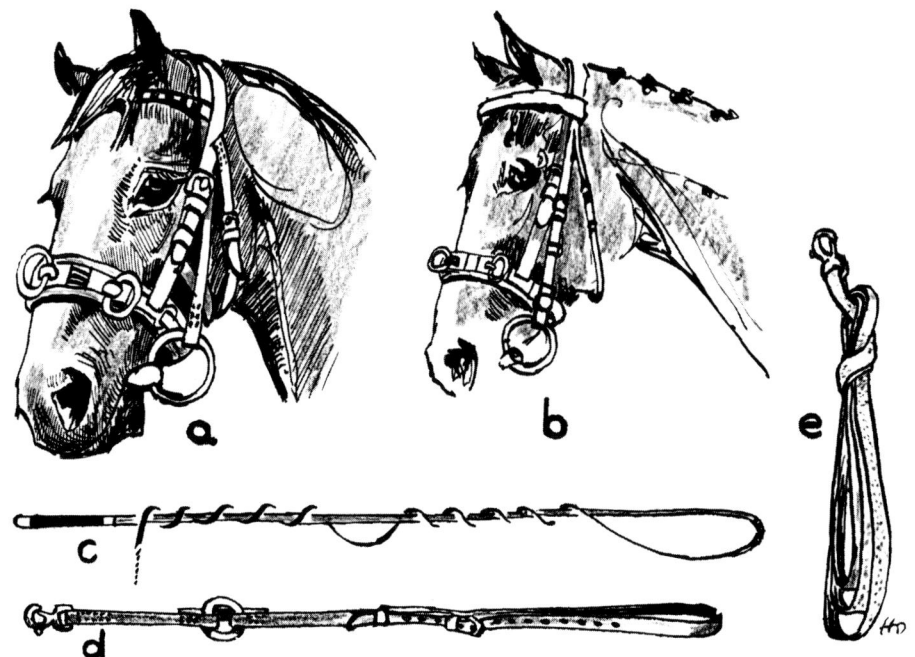

Bild 21. Die Longierausrüstung:

a Kappzaum
b Unterschnallkappzaum
c Longierpeitsche,
   ca. 5–6 m lang mit Schlag

d Ausbindezügel
e Longe, 7–10 m lang

Der Kappzaum ist oben abgebildet. Er soll einen gut gepolsterten Nasenriemen haben und so angeschnallt sein, daß kein Spielraum für Scheuerstellen da ist. Am Nasenriemen sind drei Ringe befestigt. Die Longe wird in den mittleren Ring eingeschnallt. Bei Pferden, die nach außen drängen, benutzt man den inneren Ring, um ein Verschieben des Kappzaumes zu verhindern.

Der vollständige Kappzaum ist recht umständlich. Es ist gerade bei jungen Pferden eine langwierige Prozedur, ehe alles richtig aufgezäumt und verschnallt ist. Erst wird dem Pferd die Trense mit oder ohne Reithalfter aufgelegt. Anschließend wird darüber der Kappzaum gelegt und zwar so, daß Kopfstück und Stirnriemen – wie auf der nebenstehenden Abbildung ersichtlich – über den entsprechenden Teilen der Trense liegen. Sodann wird der Backenriemen fest angezogen, damit sich das äußere Bakkenstück nicht verschiebe und das Auge des Pferdes verletzen kann.

Viel einfacher ist die Verwendung des sogenannten Unterschnallkappzaumes. Dieser besteht aus einem Nasenriemen in der Form eines Kandarenreithalfters, auf dem vorne die drei Ringe angebracht sind, und einem Backenriemen (siehe Abb. 21b).

Ich bevorzuge für junge Pferde diesen vereinfachten Kappzaum; denn je weniger Lederzeug das Pferd auf hat, desto freier fühlt es sich.

Mit der Verwendung des Kappzaumes bezwecken wir, die Hilfen des Longenführers auf die weniger empfindlichen knöchernen Teile der Nase zu übertragen und das Pferdemaul zu schonen. Das junge Pferd soll das Trensengebiß als angenehm empfinden und nicht im Maul geschädigt werden, wenn der Longenführer aus manchmal nicht zu vermeidenden Gründen, namentlich bei einem davonstürmenden Pferd, mit der Hand einwirken muß.

Wer keinen Kappzaum zur Verfügung hat, sollte die Longierleine in den Verbindungssteg der Trense schnallen und nicht in den inneren Trensenring, damit das Trensengebiß nicht seitlich aus dem Pferdemaul gezogen wird. Einen Verbindungssteg können wir uns leicht selbst herstellen, indem wir einen Sporenriemen an den beiden Trensenringen befestigen. Man kann auch die Longe durch den inneren Trensenring an das Backenstück der Trense einschnallen. Schließlich kann man die Longe in der Weise anlegen, daß man die Leine entweder durch den inneren Trensenring führt und ums Kinn in den äußeren Trensenring einhakt oder sie über den

Bild 22. Pferd mit Kappzaum zum Longieren vorbereitet. 4jähriger Westfalen-Wallach »Siamon« von »Silvaner«.
Der Kappzaum kommt über die Trense, die Longe wird in den mittleren Ring und die Ausbindezügel werden tief am Longiergurt befestigt, um die Dehnung des Halses zu begünstigen.

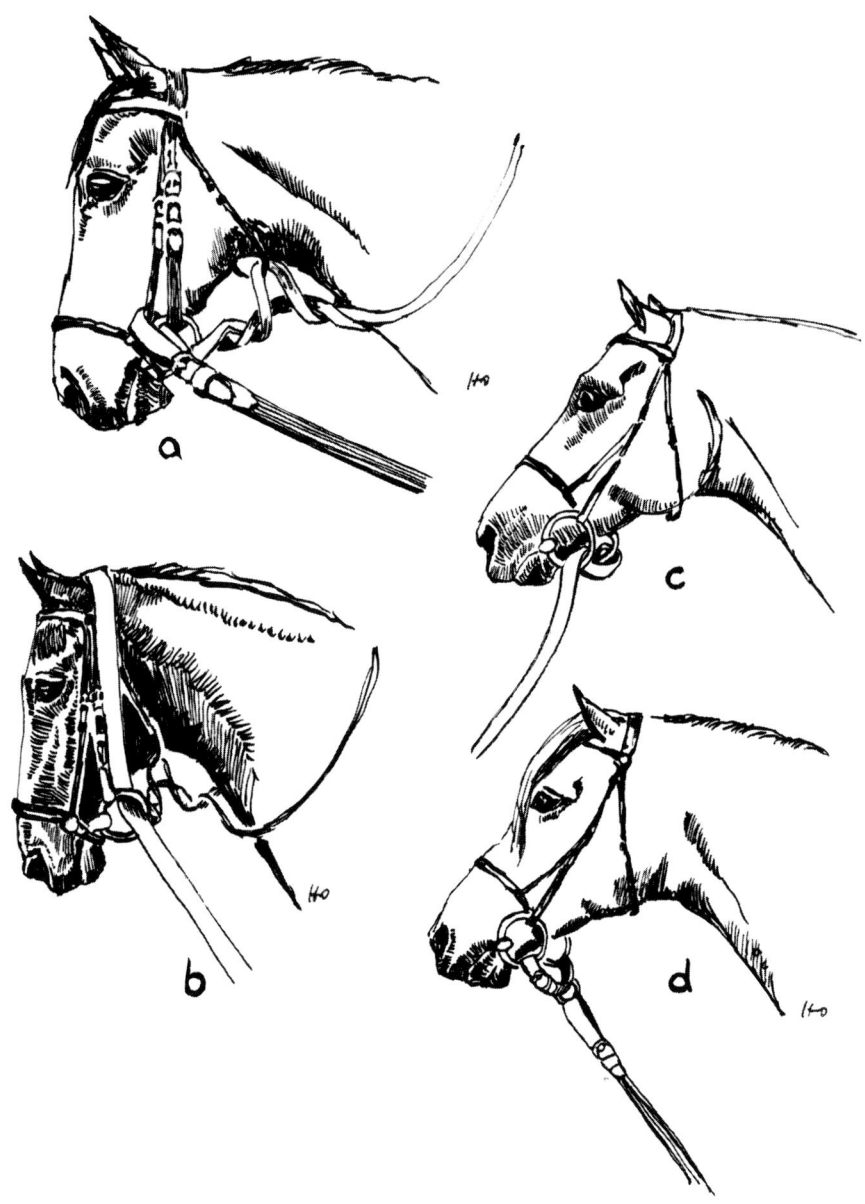

Bild 23 (links). Einschnallen der Longierleine:

a durch den inneren Trensenring in das Backenstück
b durch den inneren Trensenring über den Kopf in den äußeren Trensenring
c durch den inneren Trensenring ums Kinn in den äußeren Trensenring
d in den Verbindungssteg zwischen innerem und äußerem Trensenring

Kopf des Pferdes gleiten läßt und dann an dem äußeren Trensenring befestigt (siehe Abb. 23). Dadurch wird allerdings eine schärfere Wirkung erzeugt. Ich empfehle deshalb für das Longieren junger Pferde bei Fehlen eines Kappzaumes das Einschnallen der Leine in den Verbindungssteg oder durch den inneren Trensenring in das Backenstück.

Die Ausbindezügel gebrauchen wir als Ersatz für die Reiterhand. Da sie dem Gebiß eine ruhige Lage verleihen, helfen sie dem Pferd, eine vertrauensvolle Anlehnung zu suchen. Ein korrekt ausgebundenes Pferd ist nebenstehend abgebildet. Wir verschnallen den Ausbindezügel zum Anlongieren so lang, daß er den freien Raumgriff des Pferdes im Schritt nicht behindert. Der innere Zügel wird entsprechend der Zirkellinie etwa zwei bis drei Loch kürzer eingeschnallt. Um mehr Biegung und Beizäumung zu erzielen, werden die Ausbindezügel später mit fortschreitender Ausbildung verkürzt. Dann dürfte der Unterschied zwischen dem inneren und äußeren Ausbindezügel etwa bei fünf bis acht Zentimetern liegen, also etwa bei drei bis fünf Loch. Das richtet sich auch nach der Größe des Pferdes. Der äußere Ausbindezügel ist so zu verschnallen, daß er ansteht. Er soll die Innenstellung begrenzen und ein Ausweichen des Pferdes über die äußere Schulter verhindern.

Die Longe ist etwa sieben Meter lang. Sie hat am Ende eine Handschlaufe. Es gibt auch Longen mit Längen bis zu zehn Metern. Sie haben den Vorteil, daß man damit das Pferd auch auf einem größeren Zirkel gehen lassen kann.

Bild 24. Korrekt ausgebundenes Pferd, vorne mit Streichgamaschen.

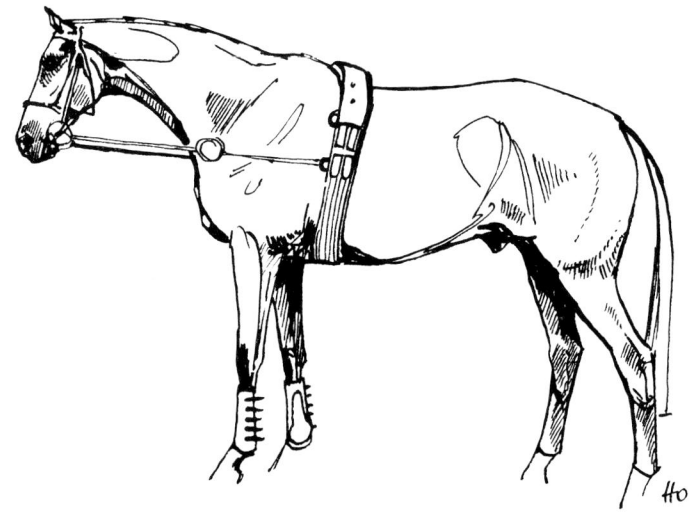

Die Longierpeitsche soll so lang sein, daß der Longenführer das Pferd mit dem Ende der Schnur erreichen kann. Dazu müssen Stock und Schnur zusammen etwa fünf bis sechs Meter lang sein.

Der erste Longiertag

Die ersten Longenübungen sollten dort erfolgen, wo das Pferd am wenigsten abgelenkt ist. Wir gehen deshalb nach Möglichkeit in die Reitbahn. Steht keine Halle zur Verfügung, suche ich mir auf dem Reitplatz den Bereich aus, in dem wenigstens zwei oder drei Seiten des Zirkels eine natürliche Begrenzung haben. Zu Beginn benötigen wir die Longierpeitsche noch nicht. Wir lassen sie in der Sattelkammer. Am Morgen des ersten Longiertages darf sich das Pferd in der Reitbahn auslaufen, bis der Stallübermut gestillt ist. Einige Zeit später oder am Nachmittag legen wir die Longierausrüstung an und bringen das Pferd in die Bahn. Der Pfleger kommt mit. Er führt das Pferd auf der linken Hand außen am Backenstück der Trense an, während der Longenführer an der Innenseite des Pferdes mitgeht. Er hält die Longe in der linken Hand, ohne mit ihr Einfluß zu nehmen. Die rechte Hand bleibt zum beruhigenden Klopfen frei.

Nach einigen Runden läßt der Longenführer die Longe allmählich Stück für Stück

Bild 25. Pferd in Longierausrüstung mit Longenführer und Helfer.

durchgleiten und schreitet langsam zum Mittelpunkt des Zirkels. Ist er dort angekommen, bleibt er auf seinem Platz, dreht sich mit der Bewegung des Pferdes und beginnt, vorsichtig die Longe anzustellen und Fühlung mit dem Pferd aufzunehmen. Für den Pfleger ist jetzt der Zeitpunkt gekommen, hin und wieder das Backenstück loszulassen, bis das Pferd allein auf der Kreislinie geht. Wir halten an, gehen zu dem Pferd an die Zirkellinie und klopfen es lobend an den Hals. Die erste Longierstunde ist beendet. Wir nehmen die Ausbindezügel ab und führen das Pferd in den Stall. Ist dies schon alles für den ersten Longiertag, wird mancher fragen. Die Antwort ist ja; denn wer sich am Anfang Zeit läßt, kommt später um so rascher voran. Junge Reiter glauben diesem alten Grundsatz oft nicht, weil sie ungeduldig sind. Das ist durchaus verständlich, besteht doch der Wunsch, möglichst bald zu einem Erfolgserlebnis zu kommen. Ein guter Ausbilder sollte darauf bedacht sein, daß seine Schüler dieses Erlebnis in dem Streben nach Mehr nicht verpassen. Erst dann können sie mit ihrem Pferd richtig glücklich werden und jeden Fortschritt mit vollen Zügen genießen.

Wir machen Fortschritte

Am nächsten Tag nehmen wir die Longierpeitsche mit und legen sie in die Mitte des Zirkels oder klemmen sie unter den Arm. Die Übung beginnt wie am Vortage. Danach nimmt der Longenführer die Peitsche auf und versucht das Pferd daran zu gewöhnen, indem er die Peitsche vorsichtig in Richtung auf die Hinterbeine des Pferdes hält und das Pferd so mit Longe und Peitsche einfaßt. Der Pfleger führt das Pferd außen am Backenstück, bis kein Fortstürmen mehr zu befürchten ist. Dann trabt er an, beruhigt das Pferd weiterhin mit der Stimme und bleibt allmählich zurück.
Der Longenführer zeigt mit der Peitsche in Richtung auf die Kruppe des Pferdes. Er ist bereit, es mit dem Peitschenende oberhalb des Sprunggelenkes anzutreiben und ihm ein aufmunterndes »Komm« zuzurufen, wenn es in Schritt fallen will. Ansonsten läßt er es zwanglos und frisch einige Runden traben, bis das Eilen nachläßt. Das Pferd geht dann von selbst wieder in Schritt; andernfalls wartet man noch eine Weile ab.
Geht das Pferd im Trab allein auf die Kreislinie, ist das Ausbildungsziel des zweiten Longiertages erreicht. Die Übungsstunde soll mit Schritt beendet werden. Galopp verlangen wir noch nicht.
Hat die Remonte erst gelernt, allein auf dem Zirkel zu gehen, kann der Pfleger am folgenden Tag mit nach innen kommen und das Pferd etwa in Sattelhöhe begleiten. Bleibt es stehen, tritt er ruhig heran und führt es wieder an, wobei der Longenführer dies mit dem Zuruf: »Komm« und einer leichten Peitschenhilfe unterstützt. Der Pfleger kann auch von Anfang an ganz wegbleiben, je nachdem, wie sicher das Pferd am Vortage allein auf dem Zirkel getrabt ist. Wir brauchen ihn dann erst wieder zum

Bild 26. Longieren eines jungen Pferdes im Arbeitstrab. Die Longe steht an, die Ausbindezügel gestatten ein Dehnen des Halses nach vorwärts abwärts.

Handwechsel auf die rechte Hand. Das kann erneut Probleme bereiten, je nach Temperament des Pferdes. Linksherum gehen die meisten Pferde lieber. Deswegen beginnen wir ja auf der linken Hand.

Beim ersten Handwechsel kann es notwendig werden, daß wir mit dem Pfleger als Hilfsperson die Übungen des ersten Longiertages auf der rechten Hand wiederholen. Man sollte jede Remonte individuell entsprechend ihrer jeweiligen Verfassung behandeln. Als Faustregel sollte man sich merken, daß nach etwa acht bis zehn Tagen die Phase der Gewöhnung an die Longe auf beiden Händen abgeschlossen sein sollte.

Wir setzen nun die eigentliche Arbeit an der Longe fort, um soviel Sicherheit und Gehorsam zu erzielen, daß wir den Tag des Einreitens begehen können. Hierbei muß sich der Ausbilder auf sein Gefühl in der Hand und auf sein Auge verlassen, da der unmittelbare körperliche Kontakt zum Pferde noch fehlt. Die Peitschenhilfe dient der Vorbereitung auf Gerte und Schenkel. Die Zügelhilfen werden durch Longe, Kappzaum und Ausbinder vermittelt.

Hauptsächlich wird im Arbeitstrab longiert. Galopp an der Longe übe man frühestens nach einer Woche. Um den Galopp zu entwickeln, treibt man das Pferd aus dem ruhigen Trabe mit der Peitsche an, gibt – gegebenenfalls mehrfach – das Kommando »Galopp Marsch« und unterstützt das Einspringen in den Galopp durch hebende Anzüge mit der Longe. Fünf bis zehn Runden genügen in dieser Gangart. Mehrere kurze Galoppreprisen fördern den Galoppsprung auf dem Zirkel besser als eine längere Tour. Nach dem Galopp läßt man das Pferd sich im Trabe auspendeln und erst danach Schritt gehen. Ich empfehle, hierbei zum Schluß die Ausbindezügel abzunehmen, damit sich keine Taktfehler und Schrittverkürzungen einschleichen. Das Ziel des Anlongierens ist erreicht, wenn die Remonte mit langem Hals und vorwärts-abwärts gerichteter Nase die Ausbindezügel annimmt, an der Longierleine steht und sich losgelassen und ruhig im Trab, Galopp und Schritt bewegt.

Daß dies einige Wochen Zeit erfordert, wird man jetzt vielleicht besser verstehen, nachdem wir uns die Anforderungen und den Ausbildungsweg vor Augen geführt haben.

Freies Bewegen in der Reitbahn

An der Westfälischen Reit- und Fahrschule habe ich zur Vorbereitung der Cavalet-
tiarbeit ohne Reiter unsere jungen Pferde häufig in der kleinen Bahn frei laufen las-
sen, und zwar zunächst ohne Ausbindezügel und dann ausgebunden. Die kleine
Reitbahn eignete sich dazu hervorragend, weil sie nur 18 × 36 Meter mißt und der
Reiter von der Mitte der Bahn aus in dieser Distanz den Kontakt zur Remonte mit
Stimme und Longierpeitsche noch ausüben kann.
Diese Arbeit hat viel Freude gemacht. Wir nannten sie scherzhaft Zirkusschule. Das
Ganze war viel einfacher als longieren, weil sich die Pferde hierbei weitgehend selbst
arbeiten und durch den Wegfall der Longe weniger Widerstand auftritt. Als Vorbereitung und Ergänzung zur Ausbildung unter dem Reiter kann ich diese »Zirkusschule« für denjenigen, der eine kleine Reithalle bis höchstens 20 × 40 Meter hat,
sehr empfehlen. Wir haben sie in zwei Phasen aufgeteilt und im Anschluß daran bei
schon weiter fortgeschrittener Ausbildung das Traben über Cavalettis angeschlos-
sen. Der Aufbau und Ablauf unter Einbeziehung von Cavalettis wird später in dem
Kapitel über die Cavalettiarbeit ohne Reiter näher erläutert (siehe Seite 124 ff.). Für
die Vorbereitung der Remonte auf das Anreiten genügen uns die beiden ersten Phasen. Es wäre zu früh, jetzt schon mehr zu verlangen. Denn wir haben zunächst das
Ziel vor Augen, unser Pferd auf das erste Anreiten vorzubereiten.

Erste Phase: Ablaufen zum Lösen

Wir stellen in der Bahn zunächst vier Kegel auf, etwa zwei Meter vom Hufschlag ent-
fernt – wie in der nebenstehenden Skizze abgebildet. Dann führen wir das Pferd mit
Gamaschen, Trense und Sattel oder Longiergurt in die Bahn und lassen es für eine
Weile frei und ungehindert laufen. Die Ausbindezügel legen wir in die Mitte der
Bahn. Die Bügel haben wir aus dem Sattel ausgeschnallt. Die Zügel der Trense sind
aufgerollt und mit dem Ende am Kehlriemen eingeschnallt.
Wir beobachten das Pferd, wie es zunächst seinem Stallübermut Luft macht, und

Bild 27. Aufbau von vier Kegeln für freilaufende Pferde in der Reitbahn.

gönnen ihm die Freude. Wir bleiben in der Mitte stehen und verhalten uns abwartend. Meistens hat sich das junge Pferd nach fünf bis zehn Minuten ausgetobt und so weit gelöst, daß wir es mit der Stimme beruhigen und wieder einfangen können. Sonst warten wir noch etwas und setzen weiterhin beruhigend unsere Stimme ein. Nach dem Einfangen klopfen wir das Pferd kurz lobend am Hals und geben ihm ein kleines Stück Brot oder Leckerwürfel. Das fördert die Anhänglichkeit und erleichtert das Einfangen beim nächsten Mal. Für einen kleinen Leckerbissen kommen Pferde gern. Man kann sie schnell daran gewöhnen.

Zweite Phase: Beizäumen mit Ausbindezügeln

Jetzt beginnt der ernstere Teil der Arbeit. Wir binden das Pferd seitlich aus. Die Ausbindezügel sollen dem Trensengebiß eine ruhige Lage verleihen und die Remonte veranlassen, eine vertrauensvolle Anlehnung zu finden. Sie sollen helfen, daß das junge Pferd den Hals vorwärts abwärts dehnt und dadurch den Rücken aufwölbt. Die Ausbindezügel dürfen deshalb nicht zu kurz sein, aber auch nicht so lang sein, daß keine Anlehnung erreicht wird. Das richtige Maß ergibt sich aus Abbildung 24, Seite 47.
Selbstverständlich müssen beide Ausbindezügel gleich lang verschnallt sein, weil das Pferd sich – im Gegensatz zur Longenarbeit – geradeaus bewegen soll. Bei tief angesetztem Hals, an dem sich bereits Unterhalsmuskulatur gebildet hat, kann es angebracht sein, zusätzlich einen dritten Ausbindezügel zu verwenden, der vom Sattel-

53

Bild 28. Zwei Personen in der Bahn veranlassen das freilaufende Pferd, auf dem Hufschlag zu bleiben.

gurt aus zwischen den Vorderbeinen hindurch am Verbindungssteg der Trense oder am englischen Reithalfter befestigt wird.

Dieser Ausbindezügel verhindert die häßliche Angewohnheit des Kopfschlagens und dient außerdem zur Korrektur von Pferden, die sich weigern, den Hals vorwärts abwärts zu dehnen.

Bild 29. Zusätzlicher dritter Ausbindezügel.

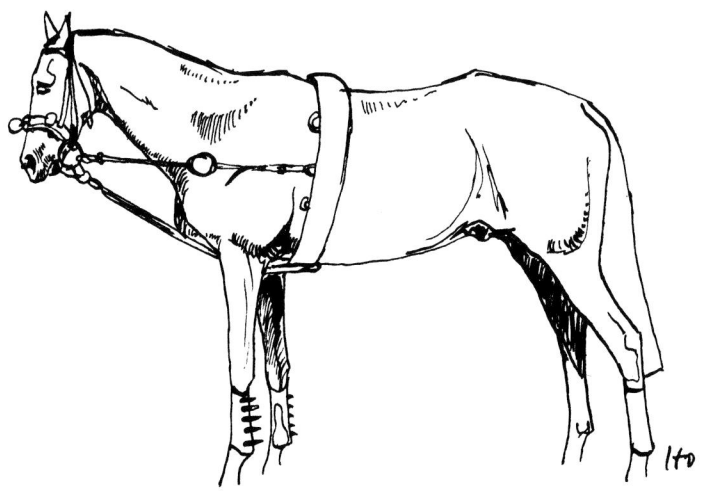

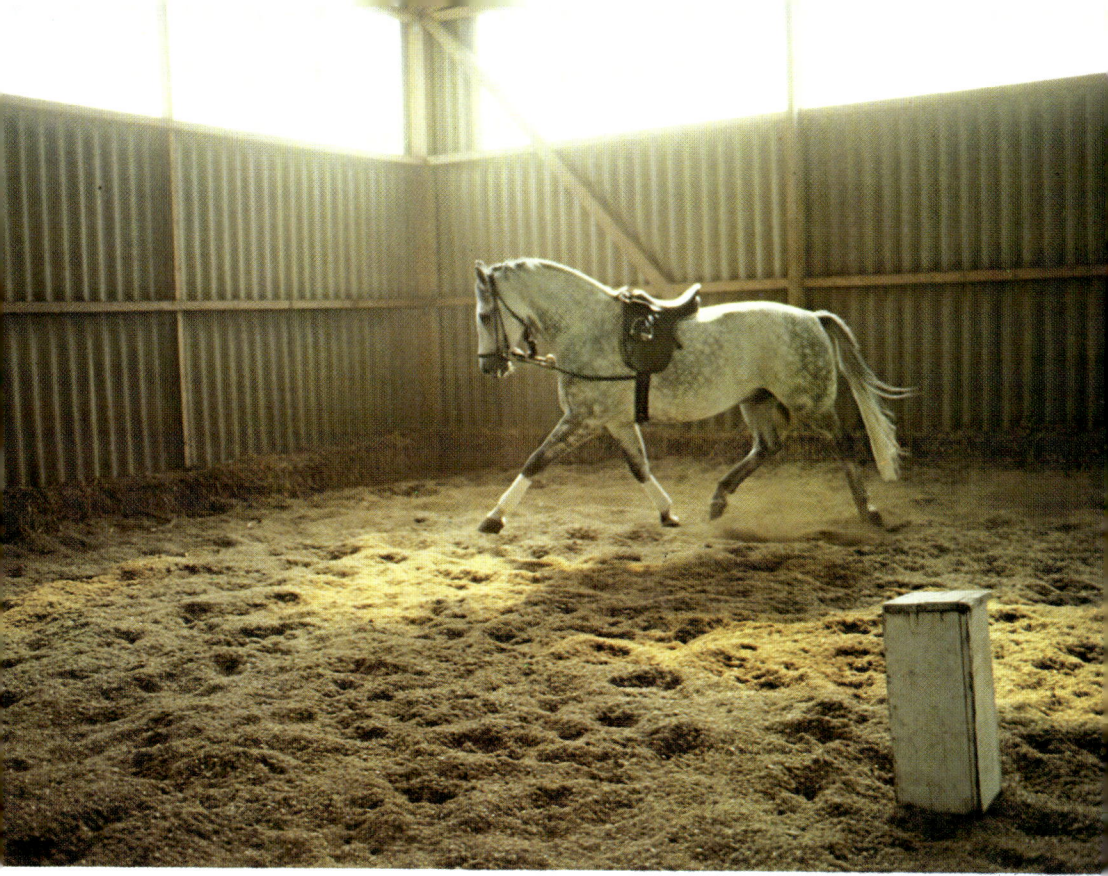

Bild 30. Der Ernst des Lebens beginnt: Gesattelt und aufgetrenst lernt das junge Pferd mit tief und lang genug verschnallten Ausbindern sich im Trabe auszubalancieren.

Ausgebunden lassen wir das Pferd nun erneut frei laufen, und zwar nach Möglichkeit im Trab und Galopp. Nach kurzer Zeit werden wir beobachten, wie das Pferd von sich aus die Anlehnung an die Bande sucht und dank der Unterstützung des in der Bahn befindlichen Ausbilders und der vier Kegel ohne weiteres auf dem Hufschlag bleibt. Manche Pferde bewegen sich schon nach fünf Minuten willig an der Wand entlang. Andere benötigen etwas mehr Zeit und machen es erforderlich, eine zweite Person so aufzustellen, wie es Abbildung 28 zeigt. Je mehr Ruhe von Reiter und Hilfsperson ausgehen, desto rascher verliert das Pferd seine Aufregung.

Bei dieser Gelegenheit kann man Charakter und Intelligenz des Pferdes studieren und sehen, ob es willig ist und schnell begreift oder ob es sich hartnäckig widersetzt. Man prüfe sich aber auch gleichzeitig selbst und bedenke, daß im Reitsport Zeit und Geduld die Grundvoraussetzungen des Erfolges sind.

Ich habe die Erfahrung gemacht, daß jedes Pferd nach Ablauf einer gewissen Zeit die Anlehnung an die Bande sucht.

Sobald dies erreicht ist, stellt sich der weitere Ausbildungserfolg von selber ein. Das

Pferd arbeitet sich sozusagen selbst. Es geht in der gewünschten Gangart an der Bande entlang und wartet auf die Unterstützung von Stimme und Peitsche, ob es im Tempo bleiben oder die Tritte und Sprünge verlängern soll. Länger als fünf Minuten Trabarbeit empfehle ich nicht, um dem Pferd die Freude an der Arbeit zu erhalten. Ob und wann ich galoppieren lasse, richtet sich nach der Kondition und dem Stand der Ausbildung. Bestimmt verlange ich am ersten Tage noch keinen Galopp, wenn das Pferd ihn nicht von selbst anbietet. Ich gebe mich zufrieden, wenn das Pferd im Trabe die Anlehnung an die Bande sucht, im gleichmäßigen Tempo bleibt und sich einige Male vorwärts treiben läßt, um die Tritte zu verlängern. Die Longierpeitsche zeigt dazu in Höhe der Kruppe. Eventuell begleite ich das Pferd ein paar Schritte von der Mitte aus.

Nach etwa 20 Minuten Gesamtzeit für beide Phasen des Freilaufenlassens wird die Übungsstunde beendet. Die Ausbindezügel werden abgenommen. Wir führen das Pferd noch eine Weile im Schritt, bis es abgetrocknet ist und die Flanken und Nüstern sich wieder in Ruhe bewegen. Erst danach bringen wir das Pferd in den Stall zurück.

Erstes Anreiten

Das erste Anreiten erfordert besondere Geschicklichkeit. Selbst das ruhigste Pferd kann erschrecken, wenn plötzlich ein großer Schatten über seinem Rücken auftaucht und kurz darauf eine ungewohnte Last spürbar wird. Sodann muß bedacht werden, daß die Remonte erst lernen muß, das Gewicht des Reiters zu tragen, und dazu fast die gesamte Muskulatur beansprucht wird. Um das Reitergewicht abzufangen, haben besonders die Rücken-, Hals- und Bauchmuskeln die Rückenwirbelbrücke des Pferdes zu unterstützen. Sie sind dazu beim rohen Pferde häufig von Natur aus nicht stark genug. Steifheiten im Hals und Rücken, Vorwärtsdrängen, Auflegen auf die Zügel, Stolpern und andere Störungen in Gang und Haltung haben darin u. a. ihre Ursache. Aus diesem Grunde dürfen wir uns für das erste Anreiten kein großes Ziel setzen. Wir sollten mit der Gewöhnung an das Auf- und Absitzen und an das Reitergewicht zufrieden sein. Alles weitere gehört in den Bereich der reiterlichen Grundausbildung. Unter Anreiten verstehen wir deshalb die Gewöhnung an das Auf- und Absitzen und an das Reitergewicht.

Gewöhnung an das Auf- und Absitzen

Es gibt Ausbilder, die das erste Auf- und Absitzen in der Boxe üben lassen. Ich halte diese Vorsichtsmaßnahmen in den meisten Fällen für überflüssig und habe sie nur ausnahmsweise angewendet. Zu diesem Zweck wurde das Pferd nach dem Longieren auf Trense ungesattelt in die Boxe geführt, mit dem Kopf zur Futterkrippe. Der ständige Pfleger stellt sich links neben das Pferd und faßt mit der linken Hand in die Trensenzügel, die über den Hals des Pferdes gelegt sind. Der Reiter kommt hinzu und streicht mit den Händen über das Pferd, als wolle er es putzen. Sobald das Pferd dieses annimmt, ergreift der Pfleger mit der rechten Hand den linken Unterschenkel des Reiters direkt unterhalb des Knies und hebt den Reiter vorsichtig auf. Der Reiter legt sich zuerst über den Rücken des Pferdes. Bleibt dieses ruhig, nimmt der Reiter sein rechtes Bein über die Kruppe und geht in den Reitsitz über. Er neigt sich aber

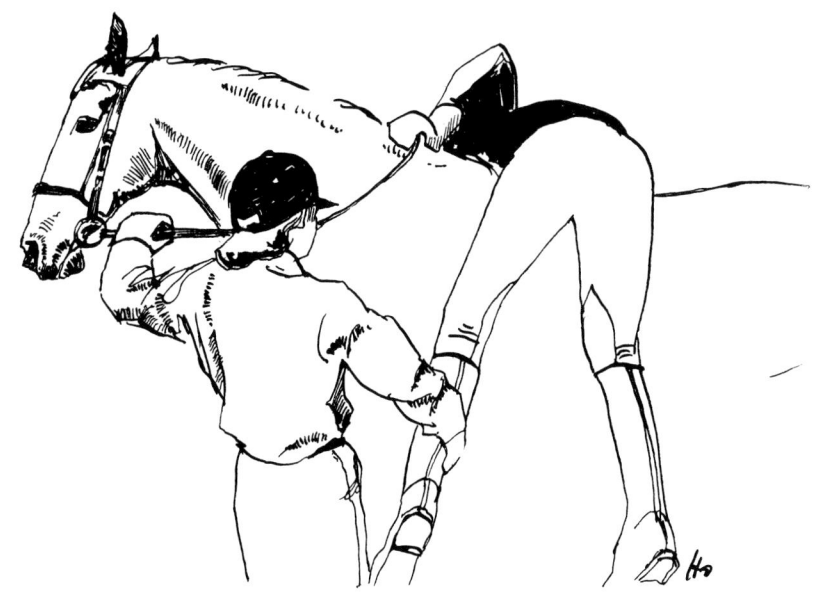

Bild 31. Gewöhnung an das Auf- und Absitzen in der Boxe:
Oben: Der Reiter legt sich über den Pferderücken.
Unten: Der Reiter geht in den Reitsitz über, bleibt zunächst jedoch nach vorn geneigt.

nach vorn, damit das Pferd nicht erschreckt wird. Einige Augenblicke später gleitet der Reiter weich vom Pferderücken wieder herab.

Diese Übung kann zur Vorsicht mehrmals wiederholt werden, wobei das Pferd jedesmal nach dem Absitzen eine kleine Belohnung erhält. Danach wird das Pferd gesattelt und zum Anreiten in die Bahn geführt.

Normalerweise kann das Auf- und Absitzen gleich auf gesatteltem Pferd in der Reitbahn geübt werden, wenn die Remonte durch richtiges Anlongieren darauf vorbereitet wurde. Am Tage des Anreitens wird die Remonte zunächst auf beiden Händen und danach noch einmal vermehrt auf der linken Hand longiert, damit sie schon etwas müde ist, wenn der Reiter in den Sattel gehoben wird. Zur Sicherheit legt man dem Pferd einen Halsriemen um, in den der Reiter hineinfassen kann, wenn das Pferd ungeregelte Sprünge machen sollte (siehe Abb. 32). Das Pferd bleibt in voller Longenausrüstung. Der Pfleger hält die Longe. Ein zweiter Helfer hebt den Reiter rasch in den Sattel.

Ich habe die Erfahrung gemacht, daß am wenigsten Schwierigkeiten auftauchen, wenn das Pferd gleich angeführt wird, sobald der Reiter im Sattel sitzt. Der Pfleger versucht, das Pferd auf die ihm vertraute Zirkellinie zu führen. Gelingt dies, ist die Gefahr einer Überraschung meistens bereits gebannt. Der Reiter folgt geschmeidig,

Bild 32. Die Ausrüstung des Pferdes zum Anreiten mit Halsriemen.

jedoch völlig passiv den Bewegungen des Pferdes. Voraussichtlich wird es nach einigen Schritten antraben. Dann nimmt der Reiter den Entlastungssitz ein und trabt leicht. Nach wenigen Runden wird das Pferd von selbst verhalten, weil es müde ist. Der Longenführer tritt sofort heran, streichelt und klopft das Pferd und läßt es anhalten. Je nach Gefühl beendet der Reiter die Übung oder läßt noch einmal kurz anführen. Das richtet sich nach der jeweiligen Situation, die von Fall zu Fall verschieden ist. Ideal ist es, wenn das Pferd sich so weit beruhigt hat, daß der Reiter noch ein- bis zweimal das Auf- und Absitzen wiederholen kann. Mehr sollte beim ersten Anreiten nicht geübt werden.

Man kann das erste Anreiten auch durch ein ruhiges Führpferd erleichtern. Nur muß dies schon während des Ablongierens in der Reitbahn sein, weil sonst durch das Hereinkommen eines neuen Pferdes Unruhe geschaffen und das junge Pferd abgelenkt wird. Wird das Führpferd hingegen schon einige Zeit in der Reitbahn geritten, und ist es dem jungen Pferd als Gesellschaft vertraut, kann es wertvolle Hilfsdienste leisten. Der Reiter mit dem Führpferd stellt sich etwa eine Pferdelänge vor dem jungen Pferd auf und reitet im Schritt an, sobald der Reiter in den Sattel des jungen Pferdes gehoben worden ist. Das geschieht am besten auf dem Hufschlag der linken Hand. Wir gehen in diesem Falle nicht auf den Zirkel, um ein Ausbrechen nach außen zu

Bild 33. Zur Gewöhnung an das Aufsitzen hebt der Helfer den Reiter rasch und sicher in den Sattel.

Bild 34. Anreiten eines jungen Pferdes an der Longe: Die Reiterin geht weich in die Bewegung des Pferdes ein und versucht, nicht zu stören. Die Führung des Pferdes übernimmt der Longenführer, unterstützt von einer Hilfsperson.

verhindern, sondern folgen auf dem Hufschlag dem Führpferd. Der Longenführer begleitet das junge Pferd von innen, um notfalls sofort eingreifen zu können. Nach einigen Schrittreprisen kann kurz angetrabt werden. Der weitere Verlauf entspricht dem Anreiten ohne Führpferd. Die Übung wird nach Möglichkeit mit ein- bis zweimaligem Wiederholen des Auf- und Absitzens beendet.

Gewöhnung an das Reitergewicht

An den nächsten Tagen muß sich der Reiter immer wieder vor Augen halten, daß sich das Pferd erst daran gewöhnen muß, ihn zu tragen. Er ist deshalb gut beraten, wenn er sich mindestens eine bis zwei Wochen Zeit läßt, bevor er ein neues Ausbildungsziel angeht. In der ersten Woche sollte das Pferd vor jedem Reiten kurze Zeit longiert werden. Wir reiten unser junges Pferd auch nicht jeden Tag. Wir longieren es vielmehr ein um den anderen Tag, lassen es frei laufen und nutzen diese Zwischen-

61

tage zur ersten Gewöhnung an Cavalettiarbeit ohne Reiter. Wie wir dabei im einzelnen vorgehen, ist in dem Kapitel über Cavalettiarbeit ohne Reiter beschrieben (siehe Seite 124 ff.). Ich nehme darauf Bezug.

Die Zwischentage mit der Ausgleichsgymnastik legen wir ein, um die Muskelbildung zum Tragen des Reitergewichts zu erleichtern. Anfängliche Verkrampfungen von Rücken-, Hals- und Bauchmuskeln des Pferdes sind ganz normal. Die Spannung verliert sich erst nach und nach mit zunehmender Stärkung der Muskeln.

Zur Stärkung der Rückenmuskeln kommen wir nicht etwa dadurch, daß wir möglichst viel und lange reiten. Muskeln wachsen nur dann, wenn sie entsprechend ihrer Lage und ihrem inneren Aufbau in ihrer natürlichen Funktion beansprucht werden. Verkrampfen sie sich und werden sie dann mit Gewalt zu einer Arbeitsleistung herangezogen, der sie noch nicht gewachsen sind, besteht die Gefahr einer ernsthaften Schädigung. Der Belastung durch das Reitergewicht lassen wir bei unserer Remonte deshalb zum Ausgleich Lockerungsübungen folgen. Das sind z. B. Pausen, in denen wir mehrmals Auf- und Absitzen, Longieren und freies Bewegen in der Bahn mit und ohne Cavalettis, Aufheben der Beine, Führen des Pferdes an der Hand über Bodenricks oder kleine Hindernisteile usw. üben.

Junge Pferde haben noch keine ausgeprägte Sattellage. Wir müssen daher der Lage des Sattels besondere Aufmerksamkeit widmen und diese in den Pausen gegebenenfalls korrigieren. Die Sattellage entwickelt sich erst im Laufe der Zeit. Das kann unter Umständen Monate dauern, je nach Beschaffenheit von Widerrist und Schulter des Pferdes. Wir kennen zur Fixierung der Lage des Sattels den Vorgurt. Ich meine, wir sollten diesen in den Anfangswochen noch nicht benutzen. Zwei Gurte – nämlich Vorgurt und Sattelgurt – lösen bei der jungen Remonte unnötige Spannungen aus. Meistens kneift der Vorgurt, weil er stramm angezogen werden muß, um nicht selbst zu rutschen. Wenn wir uns darüber klar sind, daß wir erst am Anfang der Ausbildung sind und das Pferd in diesem Stadium nur lernen soll, das Gewicht des Reiters zu tragen, können wir auf den Vorgurt verzichten. Der Vorgurt wird erst notwendig und wertvoll, wenn wir später den Gehorsam auf die reiterlichen Hilfen, namentlich die Gewichtshilfen üben, die über den Sattel vermittelt werden und dadurch diesen bei schlechter Sattellage zum Rutschen bringen können.

Grundsätzlich wird in den ersten Wochen, sogar über die Phase des Anreitens hinaus, im Trabe leichtgetrabt. Der Reiter nimmt den Entlastungssitz ein, wie aus nebenstehender Abbildung ersichtlich ist. Die Hände stehen tief rechts und links am Pferdehals und nehmen mit den Zügeln nur leichten Kontakt zum Pferdemaul auf. Beunruhigt sich das Pferd oder verändert es plötzlich das Tempo, werden die Knie fest geschlossen. Der Reiter faßt mit einer Hand in den Halsriemen und hält sich nicht etwa am Zügel fest. Sonst stürmt das Pferd erst richtig los und beißt sich fest. Sollte es passieren, daß die Remonte bockt und den Reiter abwirft, muß der Reiter das Pferd sofort wieder besteigen oder dies durch einen routinierten Reiter tun las-

Bild 35. Reiter im Entlastungssitz
(Remonte im Trab).

sen; denn sonst riskiert er, daß die Remonte Gefallen daran findet und erneut eine günstige Gelegenheit ausnutzt, um sich der unangenehmen Last im Rücken durch einen Bocksprung zu entledigen.

Das ganze Verhalten des Reiters ist während des Anreitens darauf ausgerichtet, sich geschmeidig den Bewegungen des Pferdes anzupassen. Der Reiter ergreift mit seinen Hilfen noch nicht die Initiative, zumal dem Pferde die Hilfen unbekannt sind. Er wartet ab und reguliert das Tempo mit Gerte und Stimme. Die Gerte wird an der Schulter angelegt. Sporen bleiben in der Sattelkammer. Sie würden nur stören.

Der Gebrauch der Stimme soll sparsam erfolgen. Ein dauerndes Sprechen mit dem Pferd ist nicht nur überflüssig, sondern kann sogar schädlich sein. Kurze Kommandos und Worte prägt das Pferd sich ein. Andauerndes Sprechen verunsichert die Remonte nur und wird von ihr ohnehin nicht verstanden.

Wir begnügen uns mit Trab und Schritt auf beiden Händen, wobei es von Vorteil ist, wenn wir uns durch ein ruhiges Führpferd sozusagen mitziehen lassen können, zumindest in den ersten Minuten nach dem Aufsitzen. Wir bleiben auf geraden Linien oder folgen einem Führpferd auf dem großen Zirkel. Länger als jeweils 10 bis 15 Minuten reiten wir die Remonte in der ersten Woche nicht. Sie wird ja vorher meistens longiert. In der zweiten Woche steigern wir das Arbeitspensum auf 20 bis 30 Minuten, wobei wir zwischen den Handwechseln zwei bis drei kurze Schrittpausen einlegen. Das Ziel des Anreitens ist erreicht, wenn wir spüren, daß uns das Pferd im Schritt und Trab willig trägt.

Der Aufbau der Grundausbildung

Für die Grundausbildung nach dem ersten Anreiten gibt es Gesetzmäßigkeiten, gegen die der Reiter nicht verstoßen darf, wenn er körperliche oder nervliche Schäden des Pferdes verhindern will. In den Lehrplänen für die Auszubildenden wird in diesem Zusammenhang auf die sogenannte Skala der Grundausbildung verwiesen, die mit den Begriffen Losgelassenheit, Takt, Anlehnung, Schwung, Geraderichten und Versammlung umschrieben wird. Sie soll uns den richtigen Weg zur Entwicklung der natürlichen Anlagen des Pferdes zeigen. Der grundsätzliche Aufbau der Grundausbildung beruht auf den Erkenntnissen der klassischen Reitkunst und war in seinem ganzen Umfang schon in der Heeresreitvorschrift der deutschen Kavallerie festgelegt. Er ist das wichtigste Kapitel zum Thema Ausbildung überhaupt. Alles andere baut auf ihm auf. Ganz einfach ausgedrückt, geht es darum, Einfluß auf die Bewegung des Pferdes zu gewinnen und nicht damit zufrieden zu sein, sich den Bewegungen des Pferdes lediglich anzupassen. Das geht über die sogenannte natürliche Ausbildungsmethode hinaus. Diese beschränkt sich darauf, das Pferd nicht zu stören und selbständig arbeiten zu lassen. Wenn es aber darauf ankommt, in kritischen Situationen z.B. ein Zaudern des Pferdes durch zwingende Einwirkung zu überspielen, brauche ich echten Gehorsam. Dieser kann nur erzielt werden, wenn man das Pferd durch Reiterhilfen durchlässig macht. Das ist der entscheidende Punkt.

Der Begriff der Durchlässigkeit ist in der sogenannten Skala der Grundausbildung nicht erwähnt, obwohl ihn die Heeresreitvorschrift ebenso wie die namhaften Reitlehren eingehend behandeln. Auf den folgenden Seiten möchte ich die Grundbegriffe und den Aufbau der Grundausbildung kurz im Zusammenhang darstellen, bevor wir uns einzelnen Ausbildungszielen näher widmen.

Unter *Losgelassenheit* verstehen wir die zwanglose Hergabe der gesamten Muskulatur. Wir müssen dem jungen Pferd zunächst helfen, mit der ungewohnten Reiterlast im Rücken fertig zu werden. Es muß die Fähigkeit erlangen, sich mit dem Reiter im Sattel ebenso frei und ungezwungen zu bewegen, wie vorher ohne Reiter. Damit eng verknüpft ist die Regelung des *Taktes*. Was bedeutet dieser Begriff? Die Natur hat dem Pferd drei Gangarten mitgegeben: den Schritt, den Trab und den Galopp. Jede dieser Gangarten ist durch einen bestimmten Bewegungsablauf gekennzeichnet: der Schritt durch den Viertakt, der Trab durch den Zweitakt und der Galopp durch den Dreitakt. Die Beibehaltung dieses natürlichen Bewegungsablaufes, also den gleichmäßigen Rhythmus der Bewegung bezeichnen wir in der Fachsprache als Takt. Ihn zu regeln ist eine wichtige Aufgabe des Reiters auf dem jungen Pferd. Es geschieht, indem der Reiter durch weiches Eingehen in die Bewegung dem Pferde hilft, das natürliche Gleichgewicht zu finden. Man sagt auch, der Reiter müsse sein Pferd zunächst ins *Gleichgewicht* bringen. Damit ist bereits angedeutet, daß vom natürlichen Gleichgewicht im strengen Wortsinne nicht die Rede sein kann. Ich will dies auch auf die Gefahr hin erklären, daß der nächste Absatz etwas trocken wissenschaftlich wirkt. Zum Verständnis erscheint es mir jedoch nötig.

Versteht man unter Gleichgewicht nämlich die gleichmäßige Verteilung des Körpergewichts auf die vier Beine, so ist das Pferd von Natur aus nicht im Gleichgewicht, weil das Gewicht von Hals und Kopf die Vorderbeine stärker belastet als die Hinterbeine. Gerade dieser Umstand gibt dem Pferd allerdings die entscheidende Neigung zur Vorwärtsbewegung. Ein toter Körper im Gleichgewicht hat seinen Ruhepunkt gefunden und wird unbeweglich. Hebt man das Gleichgewicht auf, so wird er mit der ganzen Masse sich dahin zu bewegen streben, wo das Übergewicht liegt. Mit der Reiterlast im Rücken würde das Übergewicht auf den Vorderbeinen auf die Dauer zu stark. Nach dem Grundsatz, daß eine richtig balancierte Last leichter zu tragen ist als eine außerhalb des Gleichgewichts, gilt es daher zunächst, das Pferd ins Gleichgewicht zu bringen.

Das Pferd muß also lernen, das Reitergewicht zu tragen und so auszubalancieren, daß es sich wieder frei und ungezwungen bewegen kann. Wenn das erreicht ist, sagt man, daß sich das Pferd im natürlichen Gleichgewicht bewegt. Es geht im Takt.

Je mehr Einfluß der Reiter auf die Bewegungen des Pferdes gewinnen will, desto mehr muß er sich damit beschäftigen, das Eingehen des Pferdes auf die vorwärtstreibenden, seitwärtstreibenden und verhaltenden Reiterhilfen zu üben. Den Gehorsam darauf bezeichnen wir in der Fachsprache als *Durchlässigkeit*. Durchlässig ist ein Pferd, wenn es losgelassen geht und die drei genannten Arten von Reiterhilfen gehorsam annimmt.

Zur Entwicklung der Schubkraft der Hinterhand ist eine *Anlehnung* an das Gebiß erforderlich. Schwungvolle Bewegungen können nur erzeugt werden, wenn eine Verbindung zwischen Reiterhand und Pferdemaul gewonnen wird. Das mag beim ersten Lesen auf Widerspruch stoßen; denn man kann schwungvolle Bewegungen durchaus auch beobachten, wenn Pferde frei laufen. Sicher ist aber, daß eine Verbesserung des natürlichen Schwungs nur zu erreichen ist, wenn eine richtige Anlehnung vorhanden ist. Das Pferd soll an den Zügel herantreten und dadurch eine dem jeweiligen Gangmaß entsprechende Haltung einnehmen, in der es seine Kräfte am besten entfalten kann. Das ist das Ziel der Anlehnung.

Mit Hilfe der Anlehnung verbessern wir den *Schwung*. Ein Pferd wirkt unter dem Reiter erst schön, wenn der Bewegungsablauf erkennen läßt, daß die Hinterbeine energisch abfußen und die dadurch im Trab und Galopp entwickelte Schubkraft über den schwingenden Pferderücken nach vorne weitergeleitet wird. Wir bezeichnen dies im Aufbau der Grundausbildung mit dem Fachausdruck Schwung.

»Reite dein Pferd vorwärts und *richte es gerade*«, so lautet das nächste Ausbildungsziel. Was ist damit gemeint? Wissenschaftler haben herausgefunden, daß fast alle jungen Pferde Schwierigkeiten haben, geradeaus zu treten. Man spricht in diesem Zusammenhang von der natürlichen Schiefe des Pferdes. So wie die meisten Menschen von Natur aus Rechtshänder sind, sind die meisten Pferde links gebogen. Dies soll nach Müseler in der Lage des Embryos im Mutterleib begründet liegen. Es kommt bei der Grundausbildung also darauf an, die natürliche Schiefe durch gleichmäßige Durchbildung des Pferdes auf beiden Seiten so auszugleichen, daß beide Hinterbeine auf der gleichen Linie fußen wie die gleichseitigen Vorderbeine. Die Vorderbeine werden auf die Spur der Hinterbeine ausgerichtet. Das nennt man Geraderichten.

Die Grundausbildung endet mit der beginnenden *Versammlung*. Das ist die stärkere Lastaufnahme durch die Hinterbeine infolge vermehrter Beugung von Hüft- und Kniegelenken (Hanken) und damit verbundener Möglichkeit für das Pferd, seine Kräfte voll zu entfalten. Es leuchtet ein: je mehr Last die Hinterbeine aufnehmen können, desto freier wird die Schulter, desto leichter kann das Pferd seinen Schwerpunkt nach rückwärts verlegen, was nicht etwa nur für die Dressur, sondern gleichermaßen für das Springen und Reiten im Gelände wichtig ist, z.B. beim Aufnehmen vor dem Hindernis.

Der grundsätzliche Aufbau einer Reitstunde

Der Aufbau der Grundausbildung zeigt uns zwar den richtigen Weg zur Entwicklung der natürlichen Anlagen des Pferdes. Es wäre jedoch falsch zu glauben, man könne eine Remonte ausbilden, indem man in der einen Übungsstunde die Losgelassenheit, in der zweiten Stunde den Takt, in der dritten Stunde die Anlehnung usw. übt. So einfach geht es nicht. Die einzelnen Ausbildungsziele bauen wohl aufeinander auf. Ich muß sie als Ausbilder aber in das Gesamtsystem der Grundausbildung einordnen, d.h., ich muß sie im Zusammenhang mit Dressurreiten, mit Springen und mit Reiten im Gelände verfolgen. Erst dann ist die Ausbildung umfassend und

Bild 36. Lösen im leichten Sitz auf der Galoppierbahn: Der 4jährige hannoversche Rapp-Wallach »Maraschino« von »Maikater« im Linksgalopp (Reiter Heinz Brüggemann). Hände rechts und links vom Mähnenkamm in Richtung Pferdemaul; die Zügel vielleicht etwas zu kurz, weil das Pferd am Anfang noch zu stallübermütig ist.

Bild 37. Eine wichtige Übung zum Lösen: Schritt mit hingegebenem Zügel auf der Galoppierbahn. Der 4jährige Trakehner Schimmel-Wallach »Optimist« von »Major« (Reiterin Ruth Klimke). Der Schweif des Pferdes ist noch eingeklemmt.

grundlegend für die spätere volle Entwicklung der Leistungsfähigkeit des mir anvertrauten Pferdes.

Wir machen uns beim Einüben neuer Lektionen selbstverständlich die Eigenschaft des Pferdes zunutze, daß es gern Gewohnheiten annimmt. Wir müssen uns aber davor hüten, längere Zeit hintereinander die gleiche Lektion zu reiten; denn Eintönigkeit stumpft ab. Der Aufbau einer Reitstunde soll abwechslungsreich und vielseitig sein. Je nach Witterungs- und Platzverhältnissen kann es dazu angebracht sein, den Umgebungswechsel mit einzubeziehen. Ich löse zum Beispiel mein Pferd in der Bahn über Cavalettis und gehe dann ins Gelände. Oder aber ich reite erst aus und absolviere nach der Rückkehr in der Bahn noch einige Dressurlektionen. Oder ich löse mein Pferd auf der Galoppierbahn, nutze dazu die langen Linien und gehe danach aufs Dressurviereck. Die Arbeit muß Reiter und Pferd Freude bereiten. Dann wird der Erfolg nicht ausbleiben.

Jede Ausbildungsstunde besteht aus drei Teilen; Lösen, Arbeiten, Trockenreiten. Wer sich an dieses Schema hält, erspart sich manche Enttäuschung.

Am Beginn jeder Reitstunde steht die Überschrift: *Lösen.* Denn nur ein losgelassenes Pferd ist in der Lage, sich frei und ungezwungen zu bewegen. Bei jungen Pferden dauert es naturgemäß länger, bis sie zur Losgelassenheit kommen. Wir wissen, daß

68

Bild 38. Ein Hilfsmittel, um das Pferd zur Losgelassenheit zu bringen: Schritt mit hingegebenem Zügel über Cavalettis. Heinz Brüggemann auf dem 4jährigen hannoverschen Rapp-Wallach »Maraschino« von »Maikater«.

die Muskeln erst stark genug werden müssen, um den Reiter bequem zu tragen. Deshalb nehmen in den ersten Wochen nach dem Anreiten die lösenden Übungen den größten Teil der Reitstunde ein. Wie gehen wir vor? Im Schritt wird der Zügel zunächst hingegeben. Der Reiter sitzt ruhig und wartet ab, bis das Pferd ohne Eile schreitet. Ein oder zwei Cavalettis sind willkommene Hilfsmittel, um das Pferd zu veranlassen, den Hals mit vorwärts abwärts gestreckter Nase zu dehnen. Der Schweif, der am Anfang häufig eingeklemmt ist, wird langsam freier getragen und zeigt an, daß sich die Muskulatur des Pferdes entspannt.

Wenn das Pferd frisch aus dem Stall kommt und vorher nicht ablongiert ist, kann die volle Losgelassenheit des Pferdes anfangs im Schritt häufig nicht erreicht werden. Das hängt auch von Temperament und Gehlust des Pferdes ab. Man kann dann ruhig antraben, um erst einmal den Bewegungsdrang des Pferdes zu stillen. Im Trabe wird leichtgetrabt, zuerst auf der linken Hand. Mit Pferden, die die Zügelhilfen schon kennen, bevorzugen wir den Zirkel, um sie zu beruhigen. Der Reiter geht weich in die Bewegung des Pferdes ein, beruhigt es, soweit nötig, mit der Stimme und richtet sein Augenmerk nur darauf, daß das Pferd im gleichmäßigen Rhythmus der Bewegung bleibt, also im Takt.

Die Phase des Lösens dauert bei jungen Pferden etwa 15 bis 20 Minuten. Sie wird mit fortschreitender Ausbildung immer kürzer, so daß wir uns rascher dem Arbeitsteil der Reitstunde zuwenden können. Niemals aber fällt das Lösen ganz fort. Es gibt zwar Reiter, die die Ansicht vertreten, ein gerittenes Pferd brauche nicht mehr gelöst zu werden, es würde dann nur auf der Vorhand laufen. Außerdem sei es sinnlos, die Spannung erst herauszureiten, da man sie nachher z.B. für die Piaffe und Passage doch wieder benötige. Solche Irrtümer können indessen nur auftauchen, wenn man das System der Reitausbildung in seiner Gesamtheit nicht überschaut und deshalb vom richtigen Weg abgleitet. Man kann dies den Pferden ansehen: Taktfehler im Schritt, gespannte Tritte, festgehaltener Rücken sind die untrüglichen Kennzeichen von Pferden, die längere Zeit nicht mehr gelöst worden sind.

Während bei der Remonte in den ersten sechs Wochen das Lösen den Hauptteil der Stunde einnimmt, ist dies später in der Regel der zweite Teil mit der Überschrift: *Arbeitsteil*. Sobald das Pferd gelöst ist, beginnt die eigentliche Arbeit. Wir üben den Gehorsam des Pferdes auf die Gewichts-, Schenkel- und Zügelhilfen in der Bahn, im Gelände oder über Sprünge. Dazu machen wir uns entsprechend dem Ausbildungsstand des Pferdes für jede Stunde ein ganz bestimmtes Programm. Hierfür gilt als Richtschnur, daß wir mit einfachen Übungen beginnen und uns langsam zu schwierigeren Übungen vortasten.

Es wird zwangsläufig vorkommen, daß wir uns ab und zu festfahren. Kein Ausbilder ist vollkommen. Selbst der erfahrenste Reiter kann sich von Fehlern nicht freisprechen. Nur ist es wichtig, dies zu erkennen und sofort danach zu handeln, um noch das beste aus der Situation zu machen. Wenn ich z.B. erkennen muß, daß mein Pferd abgeschaltet hat, weil es einfach nicht mehr imstande ist, einer bestimmten Hilfe Folge zu leisten, nützt selbst Gewalteinwirkung nichts mehr. Ich würde die Lage dadurch nur noch aussichtsloser gestalten und mir das Vertrauen des Pferdes auf lange Zeit zerstören. Erkenne ich aber den Zustand und erfasse die Situation richtig, breche ich sofort die Lektion ab, wechsle zu einer anderen, möglichst leichteren Übung über und verschaffe mir dadurch die Aufmerksamkeit des Pferdes zurück.

Pferde sind nicht in der Lage, beliebig lange mit der gewünschten Aufmerksamkeit den Hilfen des Reiters zu folgen. Oft ist es z.B. gerade dem jungen Pferd unangenehm, ja sogar schmerzhaft, längere Zeit am Zügel zu gehen, ohne zwischendurch die Möglichkeit zu haben, einmal in einer kurzen Pause die Halsmuskeln durch Zügel-aus-der-Hand-Kauen zu entspannen. Ich empfehle deshalb, besonders bei jungen Pferden, im Arbeitsteil der Reitstunde nach etwa 10 bis 15 Minuten eine Pause einzulegen. Auf diese Art und Weise beuge ich am besten dagegen vor, daß ich mich irgendwo festziehe und mit meinem Pferd Streit bekomme.

Ideal ist es, wenn es mir gelingt, den Arbeitsteil der Reitstunde mit einer besonders gut gelungenen Lektion abzuschließen. Gleichgültig, ob diese leicht oder schwierig ist: das Pferd wird es mir danken. Ich habe mir eine gute Ausgangsposition für den nächsten Tag geschaffen. Pferde haben ein hervorragendes Erinnerungsvermögen.

Bild 39. Leichttraben auf dem Zirkel, lang und tief, mit vorwärts abwärts gedehntem Hals, erzieht zur Losgelassenheit und stillt den Bewegungsdrang zu Beginn der Reitstunde. Dr. Reiner Klimke auf dem 5jährigen westfälischen Wallach »Maiko« von »Maigraf xx«.

Darauf baut die Ausbildung auf. Nach einer gelungenen Übung kann ich am nächsten Tag viel leichter dort anknüpfen, wo ich am Vortage aufgehört habe. Diese Erkenntnis macht sich der erfahrene Ausbilder natürlich zunutze.

Der dritte Teil jeder Reitstunde trägt die Überschrift: *Trockenreiten*. Dies erfolgt im Schritt mit hingegebenem Zügel und wird leider aus Gleichgültigkeit häufig vernachlässigt. Dabei ist Trockenreiten für den Reiter lediglich eine Geduldssache. Für das Pferd hingegen ist es außerordentlich wichtig. Ein Pferd, das in Muße trocken geritten wird, kehrt zufrieden in seinen Stall zurück. Es erlangt, selbst wenn es im Arbeitsteil der Stunde Streit gegeben haben sollte, seinen inneren Frieden wieder. Außerdem wird der taktmäßige, raumgreifende Schritt durch das Trockenreiten mit hingegebenem Zügel gefestigt. Ich habe dies durch die von mir ausgebildeten Dressur- und Vielseitigkeitspferde unter Beweis gestellt. Das Beispiel sollte überzeugen. Etwa fünf bis zehn Minuten dauert das Trockenreiten des jungen Pferdes. Es richtet sich danach, wie stark das Pferd im Arbeitsteil der Reitstunde beansprucht wurde und in welcher Nervenverfassung es sich befindet. Vergessen wir nie: Ein in Ruhe trocken gerittenes Pferd wird am nächsten Tag die Arbeit freudig und ausgeglichen wieder annehmen.

Die Kontrolle des Arbeitspensums

An dieser Stelle möchte ich einflechten, daß es wichtig ist, die Auswirkungen der Arbeit auf das Pferd zu kontrollieren. Überlastungen sind manchmal beim Reiten schwer zu erkennen. So erwecken gerade besonders lebhafte und nervöse Pferde oft den Anschein, als sei es unmöglich, sie müde zu machen. Doch der Schein trügt häufig. Wir sollten einige Stunden nach dem Reiten noch einmal den Stall aufsuchen und uns von dem Zustand unseres Pferdes überzeugen. Steht es teilnahmslos im Stall, deutet dies auf Erschöpfung hin. Die Ausbildungsanforderungen sind dann ab sofort spürbar herabzusetzen.

Nicht immer ist Überforderung durch akute Erscheinungen deutlich erkennbar. So kann z. B. mangelnde Freßlust auf die Futterumstellung von der Weide zurückzuführen sein. Das Pferd kann auch Haken auf den Zähnen haben, die es beim Kauen behindern. Wir ziehen, wenn wir das annehmen, den Schmied oder den Tierarzt hinzu, der die Zähne beraspelt und das Übel damit behebt.

Das wichtigste Kapitel sind die Beine des Pferdes. Sehnen und Gelenke sollten ständig kontrolliert werden. Bekommt ein Pferd warme Sehnen oder geschwollene Gelenke, dann ist das ein untrügliches Zeichen für Überanstrengung. Ein erfahrener Pfleger bemerkt dies bei der täglichen Pflege des Pferdes. Zu

Bild 40. Abspritzen der Hufe nach der Arbeit.

Beginn tastet er routinemäßig jeweils alle vier Beine ab. Kommt ihm das Pferd im Gesamtverhalten verändert vor, wird zur Kontrolle Fieber gemessen. Der Ausbilder erkundigt sich vor Beginn der Arbeit täglich nach Besonderheiten. Zu seiner eigenen Sicherheit beschaut und befühlt er kurz die Pferdebeine.

Eine gute Vorbeugung ist – bei entsprechender Witterung – das Waschen der Füße nach der Ausbildungsstunde mit kurzer Massage. Dazu streicht man mehrmals mit der flachen Hand an den Sehnen entlang bis herunter zum Fesselkopf. Sondermaßnahmen, insbesondere Einreibungen unter Verwendung von Medikamenten sollten unbedingt mit dem Tierarzt abgesprochen werden. Sie dürften bei der Remonte normalerweise überflüssig sein und nur nach besonderen Anstrengungen in Frage kommen.

Selbstverständlich gehört zur Kontrolle auch die regelmäßige Überprüfung der Hufe. Damit diese nicht spröde werden, fettet der Pfleger sie nach dem Waschen und Abtrocknen der Füße mit Huffett ein. Bei guten Bodenverhältnissen können Remonten bis zum ersten Turnierstart unbeschlagen bleiben, es sei denn, daß fehlerhafte Hufstellungen durch Beschlag korrigiert werden sollen. Dazu sollte man den Rat des Beschlagschmiedes einholen, der die Hufe in regelmäßigen Zeitabständen beschneidet. Im allgemeinen genügt es, wenn junge Pferde bei wechselnden Bodenverhältnissen lediglich vorne beschlagen werden. Ich habe es jedenfalls so gehalten und dabei nur gute Erfahrungen gemacht.

Über die Losgelassenheit zur Schwungentfaltung

Vom Lösen haben wir auf den Seiten 68ff. genug gesprochen. Jetzt wollen wir dazu übergehen, das junge Pferd mit den Hilfen des Reiters vertraut zu machen, damit wir es beeinflussen und Schwung entfalten können. Wir kennen – abgesehen von Stimme und Gerte – Gewichts-, Schenkel- und Zügelhilfen. Um diese dem jungen Pferd beizubringen, es an die Hilfen des Reiters zu gewöhnen, sind uns bestimmte Lektionen an die Hand gegeben, durch die der Gehorsam auf einzelne Hilfen oder auch auf die Wirkung in ihrer Gesamtheit vom Pferde erlernt werden kann. Das sind die Lektionen aus dem Aufgabenheft der LPO für die Dressur Kl. A. Der weitere Ausbildungsweg für die Spezialdisziplin Dressur ist durch die Aufgaben der Klassen L, M und S gekennzeichnet. Jede Klasse entspricht einer bestimmten Ausbildungsstufe, für die etwa das Training von je einem Jahr anzusetzen ist.

Wer aber glaubt, er könne ein Pferd dadurch ausbilden, daß er so lange Aufgaben übt, bis das Pferd sie kann, hat den Sinn der Grundausbildung noch nicht erfaßt. Lektionen sind stets nur Mittel zum Zweck, niemals Selbstzweck. Wir wollen die natürlichen Anlagen des Pferdes durch gymnastische Ausbildung fördern. Wir wollen das Pferd dadurch gesünder und schöner machen. Wir wollen weder Hufschlagakrobaten noch reine Lektionenkünstler werden.

Man kann nicht genug davor warnen, die Pferde durch Lektionen-Üben abzustumpfen und sie an Gang verlieren zu lassen. Wir sehen leider häufig auf Turnieren Pferde, die durch Einüben von Lektionen zwar mürbe oder, feiner ausgedrückt, gehorsam gemacht worden sind, aber an Ausdruck ihrer Bewegungen eingebüßt haben. Die Gefahr einer solchen Entwicklung ist bei uns in Deutschland nicht von der Hand zu weisen. Denn dank der explosionsartig angewachsenen Starterzahlen in Dressurprüfungen mußten die Dressuraufgaben der LPO stark verkürzt werden, wodurch zwangsläufig die einzelnen Lektionen in der Bewertung stärker hervorgetreten sind.

Bei der Überarbeitung der Dressurprogramme für das ab 1980 erscheinende neue Aufgabenheft hat die Aufgabenkommission dem Rechnung getragen. Gerade in den unteren Klassen kommt der Reinheit der Gänge die größte Bedeutung zu.

Gehorsam auf vorwärtstreibende Hilfen

Wenden wir uns nun wieder dem Training des jungen Pferdes zu. Wenn sich die Remonte durch das Lösen beruhigt hat, üben wir zunächst den Gehorsam auf die vorwärtstreibenden Hilfen. Dazu werden die Unterschenkel dicht am Gurt etwas fester angelegt und mit einem leichten Gertenschlag, gegebenenfalls auch mit der Stimme, unterstützt. Reagiert das Pferd, wird es sofort gelobt. Reagiert es nicht, müssen wir die Hilfen verstärken.

Durch mehrfaches Wiederholen der Kombination: Schenkel, Gerte, Stimme versuchen wir, das junge Pferd darauf abzustimmen, daß es schließlich allein auf den Schenkeldruck vorwärtsgeht, indem wir nach und nach die Stimme und die Gerte weglassen und diese nur dann einsetzen, wenn die Remonte auf den Schenkeldruck nicht folgt.

Die treibenden Hilfen sind unerläßlich für die Entwicklung der Schubkraft der Hinterhand. Sie reichen aber allein nicht aus. Durch bloßes Treiben kann die Schubkraft der Hinterhand nicht gefördert werden. Wir brauchen dazu die Verbindung zwischen Reiterhand und Pferdemaul: die Anlehnung. Das Pferd muß an den Zügel herantreten und dadurch eine dem jeweiligen Gangmaß entsprechende Haltung einnehmen, in der es seine Kraft am besten entfalten kann.

An den Zügel stellen

Wie stellt man ein Pferd an den Zügel? – Mit ein paar Sätzen läßt sich dies kaum beschreiben. Sicherlich ist es nicht damit getan, die Zügel einfach anzunehmen, damit wir Kontakt zum Pferdemaul erhalten. Das Pferd würde aus Unkenntnis auf das Annehmen der Zügel mit dem Gegenteil der erwarteten Wirkung reagieren: Es würde Widerstand leisten und sich festbeißen oder abhauen. Deshalb kann die Zügelhilfe nur im Einklang mit Gewichts- und Schenkelhilfen zum gewünschten Erfolg führen.

Das Geheimnis der Einwirkung des Reiters liegt bekanntlich in dem Zusammenwirken von Gewichts-, Schenkel- und Zügelhilfen begründet.

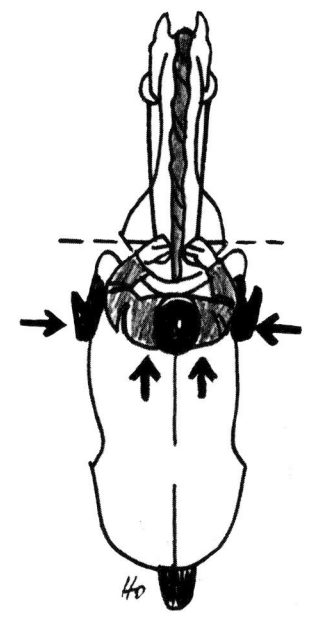

Bild 41. Hilfengebung, um das Pferd an den Zügel zu stellen.

Ich verbinde deshalb die Zügelhilfe mit einem leichten Schenkeldruck und Kreuzanspannen.

Während ich bisher in der Phase des Anreitens mit der Hand stets nachgegeben habe, um die Dehnung des Pferdehalses nach vorwärts abwärts zu ermöglichen, kommt jetzt erstmals der Punkt, an dem der Reiter die Hand stehenläßt und dem Pferd das Gebiß hinhält. Durch die treibenden Hilfen wird das Pferd im Trabe zum fleißigeren Abfußen veranlaßt; die Reiterhand nimmt den Schwung auf. Doch nimmt sie nur soviel Gewicht in die Zügel, wie das Pferdemaul durch den von der Hinterhand über den Rücken fließenden Schwung hineinlegt. Das erfordert viel Einfühlungsvermögen. Der Reiter muß sich anfangs davor hüten, das Pferd mit Gewalt beizuzäumen; denn das würde neue Verkrampfungen geradezu provozieren. Er muß vielmehr mit seinen weichen, gefühlvollen Händen dem Pferdemaul die Anlehnung so angenehm wie möglich gestalten. Dazu ist ein weiches Handgelenk unentbehrlich. Die durch die Anlehnung erzeugte Haltung entwickelt sich erst durch einen längeren Reifeprozeß dazu, daß das Pferd sicher durchs Genick tritt. Von heute auf morgen ist dies nicht zu erreichen. Das hängt von der weiteren Entwicklung der Schubkraft ab,

Bild 42. Erziehung zur Anlehnung (der 4jährige hannoversche Wallach »Volt« von »Vollkorn xx« unter Dr. Reiner Klimke): Es kommt die Phase, in der der Reiter die Hand stehen läßt und dem Pferd das Gebiß hinhält.

Bild 43. Zu frühe Beizäumung provoziert den falschen Knick im Hals. David Pincus auf dem 4jährigen hannoverschen Wallach »Volt« von »Vollkorn xx« mit falschem Knick trotz tiefer Hand und genügend langen Zügeln.

die dem Pferd ermöglicht, den Hals mehr aufzurichten, so daß der Reiter mehr vor sich hat. Wir müssen das Pferd erst insgesamt weiter arbeiten. Damit verbessert sich zwangsläufig die Anlehnung.

Da die Bewegung des Pferdes von der Hinterhand ausgeht und über den schwingenden Rücken nach vorn weitergeleitet werden soll, muß die ganze Aufmerksamkeit des Reiters darauf gerichtet sein, die Remonte »von hinten nach vorn« zu reiten und nicht umgekehrt von vorne nach rückwärts. Zusammengezogene Hälse behindern die Ausbildung der Rückenmuskulatur und verderben den natürlichen Bewegungsablauf. Sie bewirken also das Gegenteil von dem, was wir mit der reiterlichen Grundausbildung bezwecken. Ich erwähne dies deshalb, weil gerade an dieser Stelle die Weichen für den Erfolg oder Mißerfolg der Ausbildung gestellt werden. Versuchen wir nämlich, das Pferd zu früh mit dem Hals in eine bestimmte Form zu pressen, so geraten wir auf einen Irrweg, der schwerwiegende Schäden vorprogrammiert. Ich denke z. B. an Maulfehler, Knick im Hals, Temperamentsstörungen, fester Rücken, gespannte Bewegungen, Taktfehler und Gangverkürzungen.

Zur weiteren Arbeit ist es erforderlich, daß wir das Pferd zunächst mit den übrigen Hilfen des Reiters vertraut machen. Das ist die Ausbildungsstufe, die in der LPO mit der Klasse A umschrieben ist.

Wir beschäftigen uns in der Ausbildungsstufe der Kl. A hauptsächlich damit, den Gehorsam des Pferdes auf vorwärtstreibende, seitwärtstreibende und verhaltende Reiterhilfen zu üben; denn erst dadurch, daß das Pferd diese Hilfen anzunehmen lernt, gelingt es dem Reiter, den Bewegungsablauf des Pferdes auf der Geraden und in Wendungen zu beeinflussen.

Die Hilfengebung als solche gehört in den Bereich der Ausbildung des Reiters. Der Reiter sollte sie auf einem älteren, gerittenen Pferde erlernt haben. Sonst ist die Ausbildungsarbeit kaum möglich, und die Gefahr von Fehlerquellen ist um so größer. Der junge Reiter gehört auf das gerittene Pferd, der erfahrene Reiter auf das junge Pferd. Das ist ein alter Ausbildungsgrundsatz. Wer sich ein junges Pferd kauft und wenig Erfahrung hat, sollte jede sich bietende Gelegenheit wahrnehmen, fremde, möglichst weit ausgebildete Pferde zu reiten. Das Geld und die Zeit dafür sind gut angelegt. Der Reiter, der das Glück hat, täglich verschiedene Pferde reiten zu dürfen, kann vergleichen und schneller die erforderliche Augenblicksreaktion erlernen. Wer diese Chance nicht hat, muß sich um so sorgfältiger theoretisch vorbereiten, um möglichst viele Reiterfehler in der Ausbildung zu vermeiden und mit dem richtigen Konzept an die Arbeit zu gehen.

Wir müssen die einzelnen Lektionen kennen, die uns als Hilfsmittel an die Hand gegeben sind, um den Gehorsam des Pferdes auf vorwärtstreibende und verhaltende Reiterhilfen zu schulen. Sie stehen im Aufgabenheft der LPO.

Gehorsam auf einseitige Hilfen

Die vorwärtstreibende Hilfe, nämlich das Anreiten und Antraben, haben wir bereits besprochen. Mit den ersten verhaltenden Reiterhilfen haben wir das Pferd beim »An-den-Zügel-Stellen« vertraut gemacht. Widmen wir uns im folgenden den seitwärtstreibenden (einseitigen) Reiterhilfen in der Ausbildungsstufe der Klasse A.

Die Wendung auf der Vorhand

Eine wichtige Lektion zur Erziehung des Gehorsams auf einseitige und seitwärtstreibende Hilfen ist die Wendung auf der Vorhand. Wir bezeichnen sie als eine lösende Übung, die sich vorzüglich dazu eignet, in den Pausen zwischen den einzelnen Trabreprisen die Wirkung der seitwärtstreibenden Schenkel- und Gewichtshilfen sowie der einseitigen Zügelhilfen zu lehren.

Wie macht man das? Der Reiter hält sein Pferd z.B. auf der linken Hand auf dem

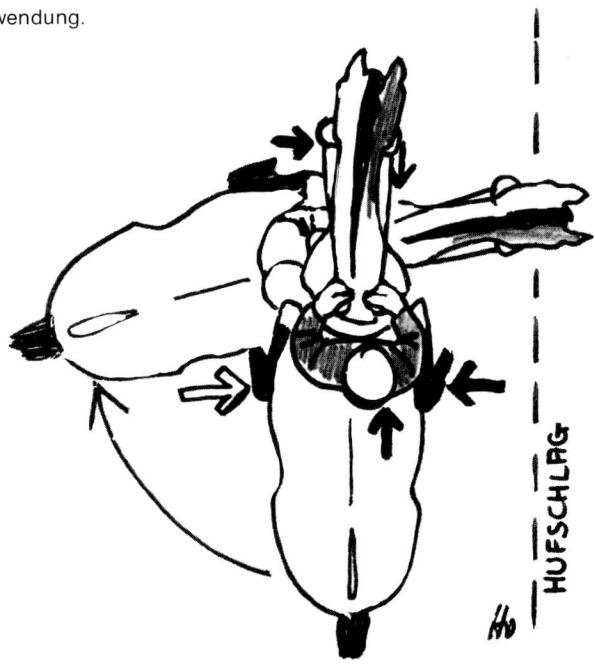

zweiten Hufschlag an. Dann belastet er das rechte Sitzbein etwas stärker und verkürzt den rechten Zügel. Die erste Reaktion, die er nun erzielen muß, ist die, daß das Pferd auf den Anzug des rechten Zügels das Gebiß losläßt. Geschieht dies, wird das Pferd kurz mit der Stimme belohnt. Andernfalls muß das Zügelverkürzen wiederholt werden. Als nächstes nimmt der Reiter den rechten Schenkel dicht hinter dem Sattelgurt fester ans Pferd und drückt die Hinterhand Schritt für Schritt um die Vorhand herum, bis die Wendung vollendet ist. Folgt das Pferd der Schenkelhilfe nicht, nehme ich die Gerte unterstützend hinzu, indem ich sie dicht hinter dem rechten Schenkel anlege. Als weitere Hilfe kann ich dabei einige Kopf und Hals nach innen (rechts) wendende, weiche Zügelanzüge geben.

Der linke Schenkel liegt verwahrend hinter dem Gurt und fängt die auf ihn zukommende Hinterhand auf. Ich lege anfangs nach jedem Doppelschritt, wenn also der innere Hinterfuß übergetreten und der äußere Hinterfuß gefolgt ist, eine Pause ein und lobe das Pferd. Danach wird der nächste Doppelschritt geübt, bis die Wendung vollendet ist. Ergeben sich Schwierigkeiten, kann ich auch nach dem ersten Doppelschritt die Wendung nach entsprechendem Umstellen zur Ausgangsstellung zurückführen.

Hat die Remonte auf diese Art und Weise erstmals Bekanntschaft mit seitwärtstreibender Einwirkung gemacht, richte ich bei den weiteren Übungen mein Augenmerk

Bild 45. Wendung auf der Vorhand linksum kehrt in der Mitte der Bahn – Marijke Dommerholt auf dem holländischen Fuchs-Wallach »Robijn«:

Oben: Die Hilfen für den ersten Schritt: der linke Schenkel treibt dicht hinter dem Gurt (hier etwas weit zurück) die Hinterhand herum, das linke Sitzbein wird zur Unterstützung stärker belastet, der linke Zügel gibt dem Pferd eine leichte Linksstellung.

Unten: Fortsetzung der Wendung; die Gerte wird zur Unterstützung unterhalb der Kruppe angelegt.

auf die einseitige Gewichtshilfe und auf den äußeren Zügel. Das einseitige Kreuzanziehen des Reiters sorgt dafür, daß das Pferd nicht zurückkriecht. Der äußere Zügel erfüllt eine doppelte Funktion: er verhindert das Ausfallen der äußeren Schulter und wirkt einem Vortreten des Pferdes entgegen.

Ich möchte an dieser Stelle ergänzend hinzufügen, daß die Vorhandwendung auch als Korrekturmittel benutzt werden kann, z. B. bei Pferden, die vor einem Sprung hartnäckig stehenbleiben, oder solchen, die gefühllos gegen den Schenkel geworden sind – oftmals eine Folge ständig klopfender Unterschenkel.

Das Schenkelweichen

Das Schenkelweichen gehört ebenfalls zu den lösenden Übungen, bei denen das Pferd den Gehorsam auf die seitwärtstreibenden Hilfen des Reiters lernen kann. Im übrigen ist sein Wert für die weitere Ausbildung des Pferdes umstritten, weil man mit Schenkelweichen, ebensowenig wie mit der Vorhandwendung, den Gang des Pferdes nicht verbessern kann. Schenkelweichen wird deshalb nur als vorbereitende Übung bezeichnet.

Schenkelweichen wird im Schritt und im verkürzten Arbeitstrab geübt. Man sollte immer nur kurze Strecken einlegen. Der Reiter gibt folgende Hilfen bei der Lektion: auf der rechten Hand dem äußeren Schenkel weichen lassen:

Der linke Zügel wird angenommen und gibt dem Pferd eine geringe Stellung nach der Seite des seitwärtstreibenden linken Schenkels (siehe Abb. 46 links). Alsdann drückt der linke Schenkel, hinter dem Gurt liegend, die Hinterhand seitwärts, und zwar möglichst im Augenblick des Abfußens des linken Hinterfußes. Das Gewicht des Reiters wird stärker auf das linke Sitzbein verlagert. Der rechte Zügel führt die Vorhand und verwahrt die rechte Schulter. Der rechte Schenkel liegt in verwahrender Stellung hinter dem Gurt und drückt gegen, wenn das Pferd vor dem inneren Schenkel flieht, das heißt zu eilig und zu stark seitwärts tritt.

Soll das Pferd dem inneren Schenkel weichen, so führt der Reiter die Vorhand wie zur Volte einen kleinen Schritt in das Viereck oder den Zirkel, wobei die Hinterhand auf dem bisherigen Hufschlag verbleibt. Dann setzt er mit seinen Hilfen – wie eingangs beschrieben – ein, wobei jetzt der rechte Zügel der innere und der rechte Schenkel der seitwärtstreibende sind. Beendet wird das Schenkelweichen durch Ein-

Bild 46. Die Hilfen zum Schenkelweichen.

Bild 47. Schenkelweichen rechts. Das Pferd weicht dem inneren Schenkel. Wir sehen vier Hufschläge. Die Reiterin gibt dem Pferd eine leichte Rechtsstellung, belastet den rechten Gesäßknochen und hält den linken Schenkel verwahrend hinter dem Gurt. Marijke Dommerholt auf dem holländischen Fuchs-Wallach »Robijn«.

stellen der Vorhand auf die Hinterhand, indem der äußere Zügel die Vorhand auf den Hufschlag zurückführt.

Das Weichen des dem Inneren der Bahn zugekehrten Schenkels hat größeren Ausbildungswert, da es die Lektion Schulterherein vorbereitet. Im Unterschied dazu ist beim Schenkelweichen die Längsachse des Pferdes bis zu einem Winkel von etwa 45 Grad schräg zur Hufschlaglinie zu stellen.

Viereck verkleinern und vergrößern

Um den Gehorsam auf die seitwärtstreibenden Schenkelhilfen zu festigen, wird die Übung Viereck verkleinern und vergrößern geritten (siehe Abb. 48 u. 49). Das Pferd bewegt sich dazu wie beim Schenkelweichen auf zwei Hufschlägen, die bis zu einem Schritt voneinander entfernt sind. Je sicherer das Pferd an die äußeren – beim Übertreten nach links also linken – Hilfen herangebracht ist, desto geringer kann die Abstellung sein. Die Übung wandelt sich dann mehr und mehr von einer lösenden zu einer versammelnden und kann schließlich zur echten Vorbereitung für Traversalverschiebungen werden. Deshalb sollte man sie von vornherein in ihrem Ausbildungswert nicht zu gering einschätzen.

Wie weit das Pferd beim Viereckverkleinern in die Bahn geführt wird, richtet sich nach seinem Ausbildungsgrad. Anfangs fordern wir nur wenige Tritte. Zur Ausführung der Übung gibt der Reiter folgende Hilfen:

Bild 48. Viereckvergrößern auf der linken Hand. Marijke Dommerholt auf dem holländischen Fuchs-Wallach »Robijn«. Gutes Kreuzen der Beine, korrekte Linksstellung.

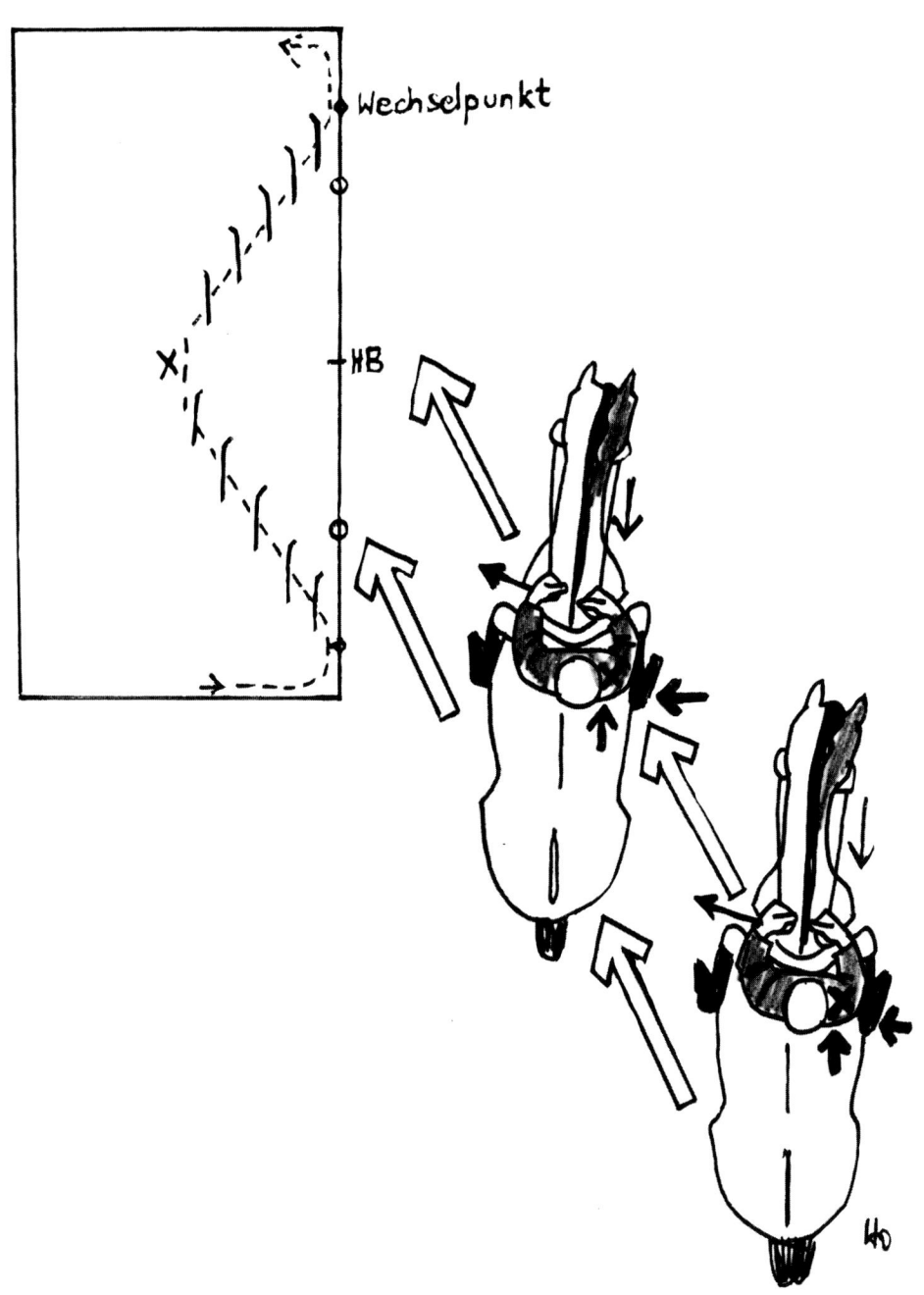

Bild 49. Die Hilfen zum Viereckverkleinern und -vergrößern.

Nach Durchreiten der Ecke auf der linken Hand gibt der Reiter dem Pferd eine leichte Kopfstellung nach rechts. Er verlagert dann sein Gewicht stärker auf das rechte Sitzbein und nimmt die Unterschenkel etwas zurück. Am Wechselpunkt setzt die seitwärtstreibende Einwirkung des rechten Schenkels ein, der das Pferd vorwärts-seitwärts nach dem Bahninneren drückt. Der linke Schenkel wirkt verwahrend und – wenn nötig – treibend zur Erhaltung der Vorwärtsbewegung. An der Mittellinie angekommen, wird das Pferd geradegerichtet und etwa eine Pferdelänge geradeaus geritten. Sodann wird dem Pferd die neue Stellung gegeben, und es wird sinngemäß in gleicher Weise im Viereckvergrößern auf den Hufschlag der ganzen Bahn zurückgeführt. Beim Erreichen des Hufschlags wird die Lektion durch Geraderichten des Pferdes beendet. Das korrekte Viereckverkleinern und -vergrößern erfolgt vom ersten Wechselpunkt der langen Seite über den Mittelpunkt der Bahn zum Wechselpunkt am Ende der langen Seite (siehe Abb. 49).

Reiten auf gebogenen Linien

Nachdem wir durch Vorhandwendung und Schenkelweichen den Gehorsam des Pferdes auf einseitige Einwirkungen geübt haben, können wir uns darauf konzentrieren, gebogene Linien richtig auszureiten; denn unser Pferd hat gelernt, auf einseitige Hilfen nachzugeben. Zu dem Reiten auf gebogenen Linien zählen wir in der Ausbildungsstufe der Kl. A das korrekte Durchreiten der Ecken, Schlangenlinien, Reiten auf dem Zirkel mit Übertretenlassen auf der offenen Zirkelseite, Volten mit zehn Metern Durchmesser, Kehrtwendungen sowie die Acht auf der kurzen Seite, bestehend aus zwei Kreisbögen von je zehn Metern Durchmesser.

Wendungen und Durchreiten der Ecken

Da die Remonte bisher noch keine Längsbiegung im reiterlichen Sinne kennengelernt hat, konnten wir sie bei Wendungen kaum beeinflussen. Wir ritten sie bewußt in einem möglichst großen Bogen, um der Schubkraft ein ungehindertes Zutreten zu ermöglichen und den Takt zu erhalten. Jetzt, nachdem wir dem Pferd beigebracht haben, auf einseitige Hilfen nachzugeben, können wir ihm auch die Biegung geben, die erforderlich ist, damit das äußere Hinterbein nicht zurückbleibt.
Wie macht man das? – Das äußere Beinpaar hat in jeder Wendung einen längeren Weg zurückzulegen als das innere. Das erfordert eine treibende Hilfe des gut anliegenden äußeren Schenkels. Dann kann der äußere Zügel etwas nachgegeben werden, ohne daß die Anlehnung verlorengeht und ein Ausfallen über die äußere Schulter befürchtet werden muß. Der innere Zügel führt das Pferd in die Wendung hinein, der innere Schenkel liegt am Gurt.

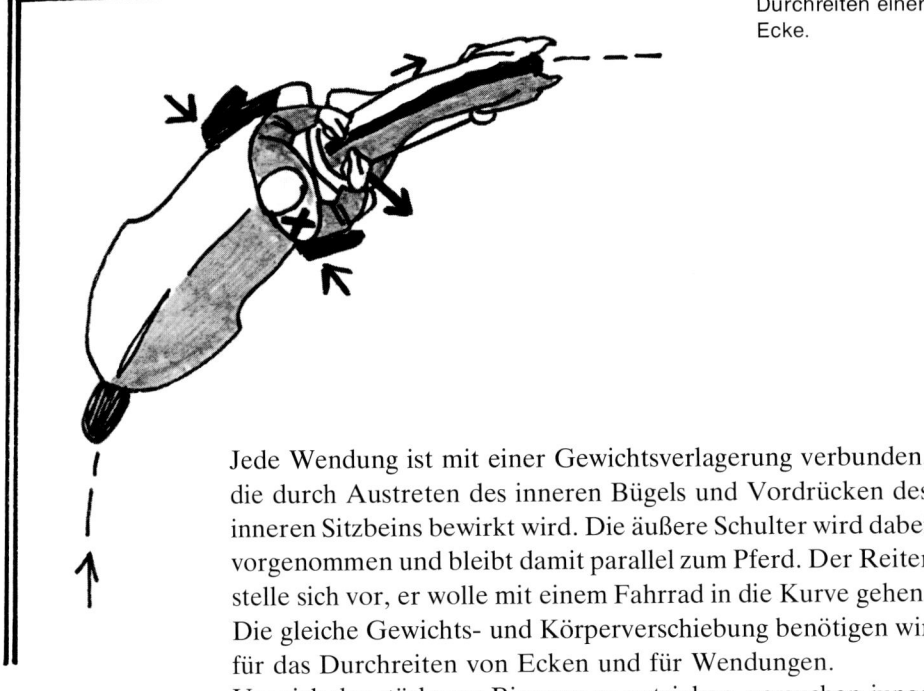

Jede Wendung ist mit einer Gewichtsverlagerung verbunden, die durch Austreten des inneren Bügels und Vordrücken des inneren Sitzbeins bewirkt wird. Die äußere Schulter wird dabei vorgenommen und bleibt damit parallel zum Pferd. Der Reiter stelle sich vor, er wolle mit einem Fahrrad in die Kurve gehen. Die gleiche Gewichts- und Körperverschiebung benötigen wir für das Durchreiten von Ecken und für Wendungen.

Um sich der stärkeren Biegung zu entziehen, versuchen junge Pferde, den Bogen durch die Ecke abzuflachen oder den inneren Hinterfuß seitwärts zu setzen. Dem müssen innerer Schenkel und äußerer Zügel entgegenwirken. Das korrekte Durchreiten einer Ecke ist aus der Abbildung 50 ersichtlich.

Reiten auf dem Zirkel

Genaues Reiten auf dem Zirkel verlangt fortgesetztes Wenden des Pferdes. Deshalb ist die Arbeit auf dem Zirkel die logische Fortsetzung des korrekten Durchreitens der Ecken, wobei das Reiten auf dem Zirkel leichter ist, weil wir hierbei einen größeren Bogen beschreiben. Gehlustige und heftige Pferde reiten wir schon sehr früh auf dem Zirkel, um sie dadurch zu beruhigen. Faule Pferde reitet man lieber auf langen Linien oder im Gelände, um dort durch frisches Vorwärtsreiten die Gehlust anzuregen.

An sich dürfte es der Remonte nicht schwerfallen, die Zirkellinie einzuhalten, denn das sollte sie beim Longieren gelernt haben. Hierbei sind also keine Probleme zu befürchten. Schwierig ist es jedoch, eine korrekte Längsbiegung auf dem Zirkel zu erzielen, und bedarf sorgfältigen Trainings. Wir müssen dazu zuerst die natürliche

86

Bild 51. Arbeitstrab auf dem Zirkel. Ruth Klimke auf dem 7jährigen westfälischen Fuchs-Wallach »Feuerball« von »Frühling«.

Schiefe des Pferdes bekämpfen und es in sich geraderichten. Wir kommen deshalb auf die Zirkelarbeit zurück, sobald wir uns näher mit der natürlichen Schiefe des Pferdes beschäftigt haben. Vorerst begnügen wir uns damit, den Zirkel zur Beruhigung nerviger Pferde zu benutzen und hierbei die gleichen Hilfen anzuwenden, die wir oben beim Durchreiten von Ecken und Wendungen besprochen haben. Entsprechendes gilt für das Reiten von Volten mit 10 m Durchmesser, Kehrtwendungen und der Acht an der kurzen Seite.

Reiten von Schlangenlinien

Das Reiten von Schlangenlinien ist ein gutes Mittel, um die Remonte zum Gehorsam auf die wendenden Einwirkungen des Reiters zu erziehen. Wir beginnen mit Schlangenlinien an der langen Seite. Anfangs genügt ein flacher Bogen. Wir zeigen dem Pferd im Schritt zunächst den Weg. Danach gehen wir in den Arbeitstrab über. Wir bemühen uns, dem Pferde den Antrieb zur Richtungsänderung durch unsere

Bild 52. Doppelte Schlangenlinie an der langen Seite. Ruth Klimke auf dem 7jährigen westfälischen Fuchs-Wallach »Feuerball« von »Frühling« bei der Umstellung von rechts nach links.

Gewichtshilfen zu geben. Darin liegt der eigentliche Wert des Reitens von Schlangenlinien während der Grundausbildung des jungen Reitpferdes. Wir brauchen diese Lektion später im Gelände und im Springparcours.

Wir traben beim Üben der Schlangenlinien leicht. Vor dem Richtungswechsel fassen wir die Zügel nach und stellen das Pferd anschließend in die neue Richtung. Mit wachsender Rittigkeit können die Anforderungen gesteigert werden, und zwar durch Erhöhung der Anzahl der Bogen an der langen Seite, durch Vergrößerung der Entfernung der Bogenmitte vom Hufschlag der langen Seite bis zu drei Schritt und durch das Reiten von Schlangenlinien durch die ganze Bahn.

Die Acht und große Volten

Wenn wir mit dem jungen Pferd die Schlangenlinien korrekt reiten können, versuchen wir, den Gehorsam auf die wendenden Einwirkungen des Reiters durch das Anlegen großer Volten und der Acht an der kurzen Seite zu vertiefen. Die Volten werden als Kreisbogen mit einem Durchmesser von etwa zehn Metern geritten. Wir suchen uns dazu die Écken des Reitvierecks aus, weil dort ein Ausweichen über die äußere Schulter wegen der Viereckbegrenzung kaum zu befürchten ist. Wir geben die Hilfen, die wir für das Durchreiten der Ecken benötigen, und setzen sie nach Durchreiten der Ecken fort. Der Kreis, den wir dadurch beschreiben, kann ruhig die Hälfte der kurzen Seite ausmachen. Später verkleinern wir den Bogen bis zu der in der A-Dressur vorgeschriebenen Volte von acht Metern Durchmesser.

Um die gleichmäßige Biegung auf beiden Händen zu schulen, hat sich die Acht an der kurzen Seite bewährt. Wir stellen das Pferd so um, wie wir dies vorher beim Reiten von Schlangenlinien geübt haben. Zwei bis drei Achten hintereinander können wir im Arbeitsteil der Stunde wagen, wenn wir anschließend das Tempo an den langen Seiten auf geraden Linien wieder auffrischen.

Halbe und ganze Paraden

Nachdem wir durch Anreiten, Antraben und Vorwärtsreiten den Gehorsam des Pferdes auf die vorwärtstreibenden Hilfen geübt haben und durch Vorhandwendung, Schenkelweichen und Reiten auf gebogenen Linien den Gehorsam auf die seitwärtstreibenden bzw. einseitigen Hilfen gelehrt haben, vervollständigen wir unser Ausbildungsziel durch Schulung des Gehorsams auf die verhaltenden Reiterhilfen. Wir beschreiten damit das schwierigste Kapitel der Grundausbildung. Den Einstieg dazu gab uns bereits die Übung, das Pferd an den Zügel zu stellen, um eine Anlehnung an das Pferdemaul zu gewinnen. Während sich dort die Reiterhand passiv verhielt und die ruhige Haltung von Hals und Kopf sicherstellte, gehen wir jetzt einen Schritt weiter. Wir wollen das Pferd durchlässig machen. Unter Durchlässigkeit verstehen wir den Gehorsam eines losgelassenen Pferdes auf vorwärtstreibende, seitwärtstreibende und verhaltende Hilfen.

Die Schlüssellektionen dazu sind die Paraden. Sie sind zugleich der Prüfstein für das durchlässige Pferd und versetzen uns in die Lage, die Bewegungen des Pferdes ohne Widerstand zu verkürzen und zu beschleunigen. Wir unterscheiden halbe und ganze Paraden. Die ganze Parade dient dazu, das Pferd zum Halten zu bringen, vorbereitet durch eine oder mehrere halbe Paraden – je nach Durchlässigkeit des Pferdes –, gleichgültig aus welcher Gangart. Halbe Paraden haben den Zweck, das Pferd in eine niedrigere Gangart zu versetzen, das Tempo innerhalb einer Gangart zu regeln und zu verkürzen sowie – mit fortschreitender Ausbildung – den Takt und die Haltung des Pferdes während des Ganges zu verbessern (beginnende Versammlung).

Die halbe Parade wird am häufigsten angewendet. Der Reiter sollte sie jedesmal geben, bevor er dem Pferd eine neue Leistung abverlangt, bevor er die Richtung oder das Tempo ändert. Bei jeder Gelegenheit, die die Aufmerksamkeit des Pferdes anregen soll, ist eine halbe Parade angebracht, gleichsam als Kommando: »Achtung, paß auf!«, wie es Müseler in seiner Reitlehre treffend ausdrückt.

Vor dem Durchreiten einer Ecke, vor einer Wendung im Gang, vor einer Volte, vor dem Antraben, vor dem Zulegen, vor dem Angaloppieren, vor dem Anreiten gegen Cavalettis, gegen ein Hindernis, immer wieder ergibt sich die Gelegenheit, eine halbe Parade zu geben. Hierbei erfüllt die halbe Parade die Funktion, den Schwerpunkt kurz auf die Hinterhand zu verlegen und das Genick zum Nachgeben zu bringen. Je häufiger der Reiter seinem Pferd eine halbe Parade gibt, desto leichter lernt dies, seinen Schwerpunkt zu verlegen, desto leichtfüßiger und geschmeidiger kann es sich bewegen.

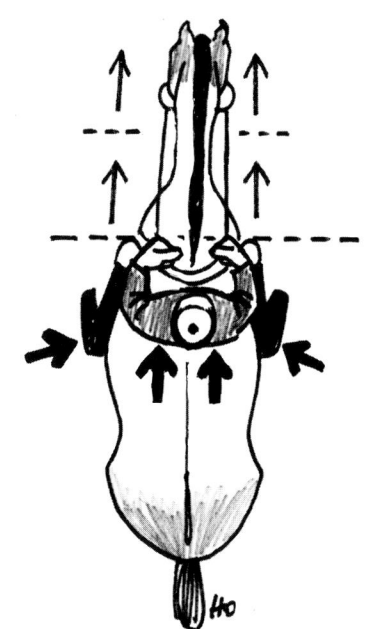

Wie bringt man der Remonte die halbe Parade bei? – Sicherlich nicht durch Ziehen am Zügel. *Die Hilfen zur Parade bestehen aus dem Zusammenwirken von Gewichts- und Schenkel- und Zügelhilfen.* Der Reiter spannt sein Kreuz an und

Bild 53. Die Hilfen für die halben Paraden bestehen aus dem Zusammenwirken von Gewichts-, Schenkel- und Zügelhilfen.

treibt das Pferd mit beiderseitigem, gleichmäßigem Schenkeldruck an die ruhig stehende Hand heran. Im nächsten Augenblick nimmt der Reiter beide Zügel gleichmäßig an und gibt sofort wieder nach, sobald er spürt, daß das Pferd der Hinterhand mehr Gewicht zuschiebt, sich aufnimmt und dadurch hinten tiefer wird. Das ist der Idealfall.

Wir können allerdings nicht damit rechnen, daß diese Wirkung in ihrem vollen Umfang schon nach wenigen Übungen erzielt wird. Es dauert Wochen und Monate, bis die halbe Parade vom Pferd richtig verstanden und willig angenommen wird.

Der Reiter benötigt viel Erfahrung und Feingefühl, um die Hilfen zur halben Parade genau abzustimmen. Eine zu starke Kreuzeinwirkung kann dazu führen, daß das Pferd den Rücken wegdrückt, weil die Muskeln dort einen bestimmten Druck noch nicht schmerzfrei aushalten können. Ein zu starkes Treiben mit den Schenkeln bringt das Pferd möglicherweise zuviel auf die Hand, so daß der Moment des Annehmens leicht verpaßt werden kann und der Reiter dann ins Ziehen gerät. Sollte das Pferd nach dem Treiben die annehmende Zügelhilfe nicht respektieren und versuchen, sich auf das Gebiß zu legen, gibt der Reiter sofort nach und setzt unmittelbar darauf erneut mit den Hilfen an. Es ist wichtig, dem Pferd mit der Hand keine Stütze zu geben, wenn es sich auflegen und festmachen will. Die Reaktionen des Reiters müssen schneller sein. Er muß durch den raschen Wechsel von Annehmen und Nachgeben, verbunden mit Kreuz- und Schenkelhilfen, das Pferd vorübergehend verwirren und dadurch zur Aufgabe des Widerstandes bringen. Gibt das Pferd nach, läßt es die Parade auch nur etwas durch, wird sofort gelobt und abgebrochen. Nach kurzer Pause versuchen wir die Hilfengebung nochmals und loben, sobald wir einen noch so geringen Erfolg verspüren. Das Pferd wird es uns danken und uns von Mal zu Mal mehr für unsere Geduld belohnen. Das ist eines der Geheimnisse im Umgang mit dem Pferd, nämlich seine Bereitschaft, den Hilfen des Reiters Folge zu leisten, wenn sie ihm nur geduldig und zur rechten Zeit beigebracht werden.

Je feiner die halbe Parade im Laufe der weiteren Ausbildung abgestimmt wird, desto größer wird der Einfluß des Reiters auf das Pferd, desto schöner die Harmonie zwischen Reiter und Pferd. Von entscheidender Wichtigkeit ist hierbei ein weiches Handgelenk. Bei fortschreitender Reife kann das Anziehen des Kreuzes und ein vorübergehendes Schließen der Fäuste bereits als Hilfe für die halbe Parade genügen. Für den Zuschauer ist dies kaum noch wahrnehmbar. Er sieht nur die Veränderung in der Haltung des Pferdes. Dann ist Reiten zur Kunst geworden.

Die ganze Parade ist die Fortsetzung der halben Parade. Sie wird, wenn sie aus stärkeren Tempi erfolgt, durch eine oder mehrere halbe Paraden vorbereitet. Ansonsten ist die Hilfengebung für beide Paraden gleich. Ist das Pferd zum Halten gekommen, muß der Reiter die annehmende Zügelhilfe beenden und mit der Hand weich werden. Er muß jetzt darauf achten, daß das Pferd stillsteht und alle vier Beine gleichmäßig belastet. Dazu entspannt der Reiter seine Kreuzhilfe, die zur Parade führte, bleibt in der Senkrechten sitzen und geht mit Kreuz und Schenkel in Bereitschaft, um die Hinterbeine an ihrem Platz festzuhalten und, falls notwendig, ein zurückgebliebenes Hinterbein oder gar beide heranzuschließen. Sobald das Pferd das Bestreben zeigt, den Hals zu entspannen, folgt die Reiterhand mit, behält aber leichten Kontakt zum Maul, um Unruhe in Hals- und Kopfstellung zu verhindern.

Wir sollten dem Pferd anfangs gestatten, die Bewegung langsam auslaufen zu lassen. Nach und nach verbessern wir dies, bis wir in der Lage sind, genau an einem vorgeschriebenen Punkt zu halten. Dann ist das Ziel erreicht. Im ersten Ausbildungsjahr üben wir ganze Paraden nur aus dem Schritt und Trab. Die ganze Parade aus dem Galopp steht am Schluß der Grundausbildung. Wir verlangen sie erst, wenn die halbe Parade vom Galopp zum Schritt sicher durchkommt.

Rückwärtsrichten

Das Rückwärtsrichten dient zur Erhöhung der Durchlässigkeit und des Gehorsams. Es ist eine für das Pferd unnatürliche Gangart. Deswegen kann es gelegentlich auch als Strafe angewandt werden. Die Fußfolge ist diagonal wie beim Trab. Wir üben das Rückwärtsrichten mit dem jungen Pferd erst dann, wenn die ganzen Paraden aus dem Schritt und Trab sicher gelingen. Es muß also schon ein bestimmtes Maß an Durchlässigkeit vorhanden sein. Wenn das Pferd durch Paraden noch nicht gelernt hat, seinen Schwerpunkt nach hinten zu verlegen, begreift es auch die Hilfen zum Rückwärtsrichten noch nicht.

Das soll nicht heißen, daß rohe Pferde nicht rückwärtsgehen könnten. Wir beobachten gerade bei Widersetzlichkeiten, daß sich junge

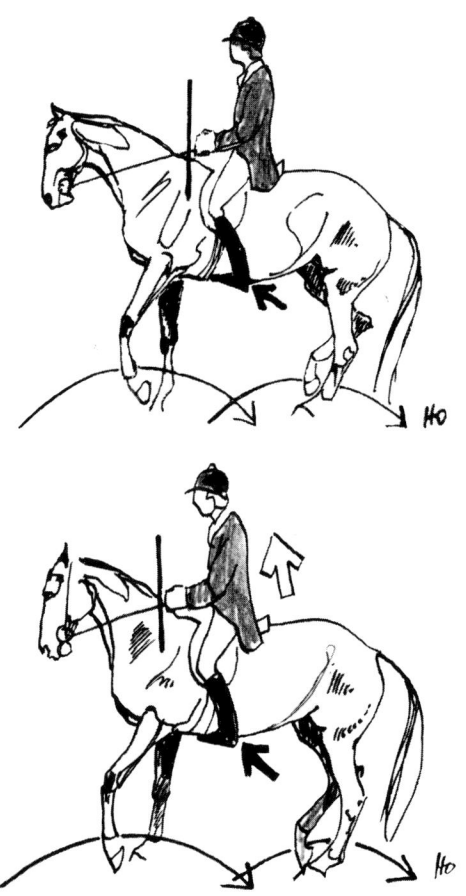

Bild 54. Die Hilfen zum Rückwärtsrichten. Oben: Das Kreuz ist kaum angespannt. Unten: Der Reiter nimmt den Entlastungssitz ein.

Pferde durch Zurückkriechen der Einwirkung des Reiters zu entziehen versuchen. Im Normalfall weichen junge Pferde jedoch nicht nach rückwärts aus, sondern ergreifen die Flucht nach vorn.

Welche Hilfen geben wir, um dem jungen Pferd das Rückwärtsrichten zu lehren? – Wir brauchen wieder die Kombination von Gewichts-, Schenkel- und Zügelhilfen. Ausgangspunkt ist das gerade und sicher am Zügel stehende Pferd. Wir geben dann mit Gewicht und Schenkel die gleichen Hilfen, die wir zum Anreiten anwenden. Schickt sich das Pferd nun an vorzutreten, folgt in dem Augenblick die leicht annehmende Zügelhilfe und veranlaßt das Zurücktreten des entsprechenden diagonalen Beinpaares.

Einige Praktiker empfehlen, die Zügeleinwirkung wechselseitig anzuwenden, und zwar jeweils für die Diagonale, die rückwärtstreten soll. Ich halte dies für Geschmackssache, denn dem Vorteil der einseitigen Zügelhilfe steht der Nachteil entgegen, daß das Pferd leichter seitlich ausweichen kann.

Die Schenkel liegen verwahrend am Pferdeleib, um hierbei notfalls korrigierend eingreifen zu können.

Eine Hilfe, die jungen und namentlich Pferden mit schwachem Rücken das Rück-

Bild 55. Rückwärtsrichten. Schenkel hinterm Gurt, Kreuz leicht angespannt, annehmende Zügelhilfe. Die Beine des Pferdes treten diagonal. Marijke Dommerholt auf dem holländischen Fuchs-Wallach »Robijn«.

wärtstreten erleichtert, ist es, wenn der Reiter sich nicht schwer hinsetzt, ja sein Gewicht sogar, je nach Notwendigkeit, durch leichtes Vorneigen des Oberkörpers entlastet. Die erste antreibende Hilfe zur Einleitung des Rückwärtsrichtens wird dann fast nur mit den Schenkeln gegeben.

Bei Pferden, die Schwierigkeiten hatten, die Hilfen zum Rückwärtsrichten zu verstehen, habe ich schließlich folgende Methode erfolgreich ausprobiert: Ich habe Hilfen gegeben, als wollte ich eine Vorhandwendung ausführen lassen. In dem Augenblick, in dem das Pferd dann den inneren Hinterfuß hob, habe ich den gleichseitigen Zügel angenommen. Dadurch wurde das Rückwärtstreten zwar etwas schief, aber der Knoten des Widerstandes, den mir das Pferd durch nach hinten herausgestemmte Hinterbeine entgegengesetzt hatte, war durchgeschlagen.

In der Ausbildungsstufe der Klasse A wird eine bestimmte Trittzahl für das Rückwärtsrichten noch nicht verlangt. Das Kommando lautet: »Eine Pferdelänge rückwärts richtet euch, marsch!« Wir sollten auch in der Ausbildung nicht mehr als eine Pferdelänge fordern, weil dies sonst vom Pferd als Strafe empfunden würde. Denken wir daran: Lektionen sind kein Selbstzweck, sondern nur Mittel zum Zweck. Wir brauchen das Rückwärtsrichten lediglich zur Erhöhung der Durchlässigkeit und des Gehorsams – zu nicht mehr und nicht weniger.

Wir bekämpfen die natürliche Schiefe des Pferdes

Nun haben wir das junge Pferd geduldig gelöst, den gleichmäßigen Rhythmus der Bewegung wenig beeinflußt, damit es im Takt geht, und den Gehorsam des Pferdes auf die vorwärtstreibenden, seitwärtstreibenden und verhaltenden Hilfen geübt. Aus dem Aufbau der Grundausbildung wissen wir, daß wir noch ein Problem zu lösen haben, bevor wir die Grundgangarten optimal entwickeln und echten Schwung erzeugen können: Wir müssen das Pferd erst geraderichten. Das Pferd soll auf der Geraden mit den Hinterfüßen den Vorderfüßen in gerader Spur folgen.

Dem steht die natürliche Schiefe des jungen Pferdes entgegen. Diese äußert sich in den meisten Fällen dadurch, daß der rechte Hinterfuß nach außen ausweicht. Das Pferd ist meist von hinten rechts nach vorne links schief. Die Folge davon ist, daß das Pferd gegen den rechten Schenkel geht, den rechten Zügel nicht gerne annimmt, im linken Zügel eine Stütze sucht, indem es dagegen geht und auf die linke Schulter fällt. Da der linke Hinterfuß besser entwickelt ist, galoppieren diese Pferde links von Natur aus leichter an und können überhaupt mit diesem Fuß leichter Last aufnehmen als rechts. Bei einem in entgegengesetzter Richtung schief gehenden Pferd, was seltener vorkommt, sind die Verhältnisse genau umgekehrt.

Wie bekämpfen wir die natürliche Schiefe des Pferdes und richten es gerade? – Durch Reiten auf geraden Linien läßt sich die natürliche Schiefe kaum beseitigen. Das mag gehen, solange wir den Bewegungsablauf nur wenig beeinflussen und die Hinterhand noch nicht zur vermehrten Beugung veranlassen.

Die Hilfen des Reiters sind dann folgende: der Reiter bemüht sich auf der rechten Hand mit dem rechten Zügel die Vorhand nach rechts zu führen, bis der rechte Vorderfuß auf der gleichen Linie tritt wie der rechte Hinterfuß. Der rechte Schenkel liegt hinter dem Gurt und wirkt seitwärtstreibend, um so das ausfallende rechte Hinterbein nach innen zu treiben. Der linke Schenkel wirkt am Gurt vorwärtstreibend und hält damit die Bewegung in Fluß. Die linke Hand wird an den Hals gestellt, um das weitere Ausfallen der linken Schulter zu verhindern. Diese Übung ist praktisch das Andeuten von Schulterherein, wenn sie auf der rechten Hand ausgeführt wird. Sie birgt jedoch die Gefahr in sich, daß das Pferd auf dem linken Zügel noch fester wird.

94

Dauerhaft läßt sich nach meinen Erfahrungen die natürliche Schiefe nur beseitigen durch systematische Arbeit auf dem Zirkel, durch das Reiten der Acht an der kurzen Seite und durch Übertretenlassen auf der offenen Zirkelseite. Ich habe dies oben bei der Besprechung des Reitens auf gebogenen Linien bereits angedeutet (s. S. 87). Wie gehen wir vor? – Eine Grundübung, die ich mit Erfolg erprobt habe, ist die Gewöhnung an diagonale Hilfen auf dem Zirkel. Wir reiten im Arbeitstrab auf dem linken Zirkel. Der Reiter treibt mit dem linken, inneren Schenkel das Pferd gegen den ruhig anstehenden äußeren Zügel, bis das Pferd diesen annimmt und dadurch links innen losläßt. Wir erlangen eine stetige Verbindung an den rechten Zügel und können so die rechte Schulter vermehrt belasten. Das Pferd wird in sich gerade.

Eine ähnlich gelagerte Übung ist das Andeuten von Schulterherein – das wir »Schulter vor« nennen – links an der langen Seite, wobei die Halsabstellung nur wenig betont wird. Die innere Hand gibt möglichst oft nach. Die äußere Hand bleibt ruhig

Bild 56a. Die natürliche Schiefe des Pferdes: Meist weicht der rechte Hinterfuß zur Seite aus, das Pferd geht gegen den linken Zügel und fällt auf die linke Schulter.

Bild 56b. Korrektur der natürlichen Schiefe auf gerader Linie.

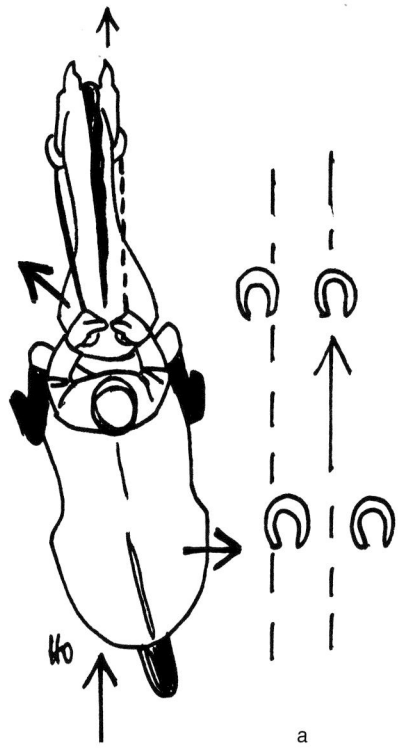

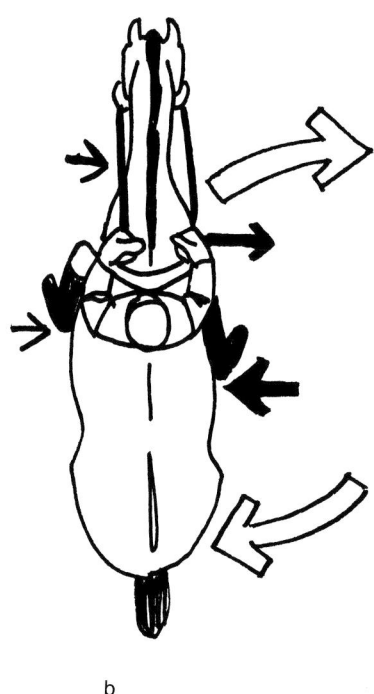

a

b

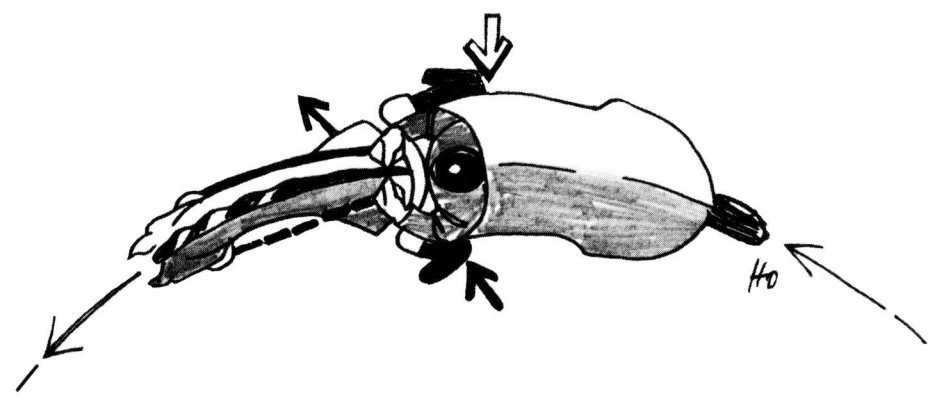

Bild 56 c. Korrektur der natürlichen Schiefe durch diagonale Hilfengebung auf dem Zirkel.

Bild 56 d. Korrektur der natürlichen Schiefe durch die Übung »Schulter vor«.

stehen. Dadurch wird die Anlehnung an den rechten Zügel verbessert und mit ihr das Geraderichten des rechten Hinterfußes. Die gleiche Wirkung können wir durch das Übertretenlassen auf der offenen Zirkelseite erzielen. Wir benutzen dazu die diagonalen Hilfen und bringen die Vorhand schulterhereinartig nach innen.

Bin ich erst so weit fortgeschritten, daß ich durch diagonale Hilfen das Pferd in sich geraderichten kann, kommt der Zirkelarbeit erst ihre eigentliche Bedeutung zu. Wir können durch genaues Einhalten der Kreislinie das innere Hinterbein mehr belasten und damit zur stärkeren Beugung bringen. Das Maß der Belastung kann durch die Übung: Hereinreiten in den Zirkel erhöht werden bis zur Volte. Wir sollten dies aber immer nur kurzfristig verlangen, den Zirkel bald wieder vergrößern und dabei das Tempo auffrischen. Die einseitige Belastung des inneren Hinterfußes könnte sonst zu Überanstrengungen führen. Darüber hinaus müssen wir im Auge behalten, daß wir die Lebhaftigkeit und den Raumgriff des Trabes nicht verschlechtern. Wir wollen das Pferd ja geraderichten,

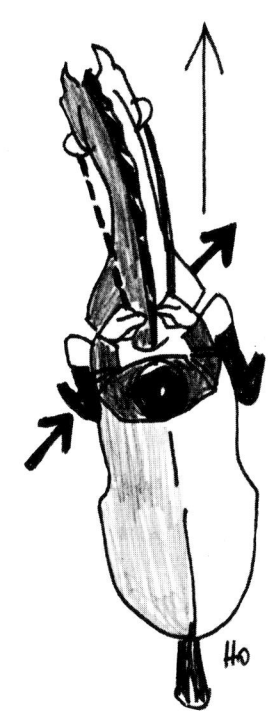

96

um anschließend den Ausdruck und Raumgriff der Bewegungen zu verbessern. Es läßt sich nicht leugnen, daß bei der Arbeit auf dem Zirkel mit dem Ziel, diagonale Hilfen durchzubringen, der Schwung der Bewegungen vorübergehend nachlassen kann. Wir dürfen diesen kleineren Mangel in Kauf nehmen, um einen größeren Fehler – nämlich schief gehen – zu vermeiden. Aber wir sollten dies wissend tun. Dann werden wir um so mehr dazu angehalten, nach kurzen Reprisen auf dem Zirkel wieder auf lange Linien zu gehen, das Tempo aufzufrischen und die Tritte zu verlängern.

Die Entwicklung der drei Grundgangarten

Jetzt haben wir die Voraussetzungen geschaffen, um mit der notwendigen Sicherheit unser eigentliches Ausbildungsziel angehen zu können: Wir wollen das losgelassene, taktmäßig gehende Pferd, welches durchlässig und geradegerichtet ist, in seinem natürlichen Schwung fördern. Dem dürfte nun nichts mehr im Wege stehen – außer der naturgegebenen Veranlagung. Wir wollen uns nichts vormachen: Nicht jedes Pferd ist in der Lage, in allen drei Grundgangarten gute Noten zu erzielen. Das hängt vom Gebäude und von den inneren Eigenschaften des Pferdes ab. Bei dem einen ist es der Trab, bei dem anderen der Schritt oder Galopp, der im Raumgriff zu wünschen übrigläßt. Ein guter Pferdemann kann dies dem ungerittenen Pferd schon beim freien Bewegen ansehen. Ein guter Pferdemann weiß aber auch, welche Entwicklungsmöglichkeiten in einer Veranlagung stecken. Ich habe durch systematische Ausbildung schon manches Pferd zu Erfolgen gebracht, die ihm anfangs kaum anzusehen waren. Hier kann man bei richtiger Arbeit häufig angenehme Überraschungen erleben, sofern die inneren Eigenschaften des Pferdes, nämlich Temperament, Gehlust und Gelehrigkeit, also Leistungsbereitschaft, stimmen.

Die Entwicklung des Trabes

Der Trab ist eine setzende Bewegung im Zweitakt und die Gangart, mit der wir uns in der Grundausbildung am meisten beschäftigen. Das liegt daran, daß er sich durch den einfachsten Bewegungsablauf auszeichnet, nämlich den Zweitakt. Wir unterscheiden im Trab vier Gangmaße: den Arbeitstrab, den versammelten Trab, den Mitteltrab und den starken Trab. In der Grundausbildung widmen wir uns insbesondere dem Arbeitstrab und dem Mitteltrab.

Im *Arbeitstrab* liegt das Tempo normalerweise etwas höher als das des vom Pferde gerade angebotenen natürlichen Trabes. Der Reiter erhält die Frische der Bewegungen durch gefühlvolles Treiben und spornt das Pferd so zur Arbeit an.

Das gilt – wie gesagt – im Normalfall. Es gibt aber viele Pferde, vor allem solche mit

Bild 57. Die Fußfolge im Trab.

hohem Blutanteil, die übereifrig sind. Bei diesen wirkt der Reiter nicht treibend, sondern beruhigend ein, um den Bewegungsablauf taktmäßig und zwanglos ausschwingen zu lassen. Der Reiter verfolgt hier also eher die Tendenz, das Pferd zu veranlassen, langsamer abzufußen und statt dessen die Bewegungen größer und raumgreifender zu gestalten. Als Hilfsmittel bezieht er dazu die Cavalettiarbeit mit ein, indem er das Pferd im Leichttraben im ruhigen Arbeitstrab über Bodenricks traben läßt.

Schaut man auf die Hufspuren des Pferdes, so sollen im Arbeitstrab die Hinterfüße möglichst in die Spur der Vorderhufe treten. Da der Raumgriff des Pferdes je nach Größe und Mechanik verschieden ist, kann man – strenggenommen – in der Abteilung den Trab nicht entwickeln. Auf jeden Fall geht dies besser im Einzelreiten. Trotzdem empfehle ich, wenigstens ab und zu in der Abteilung mitzureiten, um das eigene Tempogefühl zu kontrollieren. Voraussetzung ist, daß ein erfahrener Reiter mit einem gut gerittenen Pferd die Abteilung anführt.

Die Entwicklung des Ganges erfolgt im Arbeitsteil der Reitstunde. Wir müssen also erst durch Lösen den Zustand der Zwanglosigkeit erreichen, in welchem das Pferd losgelassen und taktmäßig auspendelt. Anschließend legen wir eine kurze Schrittpause ein, in der die Zügel ganz hingegeben werden. Zum Arbeiten nehmen wir die Zügel auf und verkürzen sie nach und nach, bis wir Kontakt zum Pferdemaul haben. Dann traben wir an und stellen das Pferd an den Zügel, wie oben beschrieben. Bisher

Bild 58. Arbeitstrab eines jungen Pferdes im Gleichgewicht. Dr. Reiner Klimke auf dem 4jährigen hannoverschen Wallach »Volt« von »Vollkorn xx«.

Bild 59 a. »Tritte verlängern« eines 4jährigen Pferdes zum Schluß der Reitstunde. Dr. Reiner Klimke auf dem Hannoveraner Wallach »Volt« von »Vollkorn xx«. Schöner Rahmen in Kopf- und Halseinstellung. Gute Schwungentfaltung. Die Hinterhand des Pferdes ist noch nicht genügend gesenkt.

Bild 59 b. »Tritte verlängern« eines jungen Pferdes am Ende der Grundausbildung bis zum Mitteltrab. Dr. Reiner Klimke auf dem 5jährigen Oldenburger Wallach »Notturno« von »Nachtflug«. Hervorragende Schwungentfaltung mit energisch abschwingenden Hinterbeinen.

trabten wir leicht, jetzt sitzen wir aber aus, um die Gewichtshilfen besser mit einzusetzen.

Der weitere Ablauf ergibt sich aus dem Programm, welches wir uns an diesem Tage für den Arbeitsteil der Reitstunde vorgenommen haben. Wir sollten in den ersten Wochen nach dem Anreiten des jungen Pferdes noch nicht zum Aussitzen kommen. Dazu warten wir, bis die Rückenmuskulatur kräftig genug ist. Wir hüten uns auch davor, zu früh den Mitteltrab zu üben. Dieser steht erst auf dem Programm, wenn das Pferd sich beim Aussitzen nicht mehr festhält und halbe Paraden durchläßt. Am Anfang genügt zur Verstärkung des Tempos der Übergang vom natürlichen Trab zum Arbeitstrab. Am Schluß der Stunde können wir an den langen Seiten im Leichttraben noch etwas mehr zulegen.

Wir nennen diese Übung »Tritte verlängern«. Dabei bewirkt das kräftigere Abschwingen und Durchtreten der Hinterbeine die größere Trittlänge. Achten wir in dieser Phase besonders darauf, daß die Tritte nicht eiliger werden. Sollte das der Fall sein, müssen wir das Tempo durch eine oder mehrere halbe Paraden sofort wieder auffangen und neu ansetzen. Wir dürfen dies ruhig ein paarmal wiederholen, um herauszufinden, ob uns das Pferd lediglich falsch verstanden hat oder deswegen eilt, weil die Muskulatur noch nicht kräftig genug ist, um die Tritte in dem gewünschten Maße raumgreifender zu gestalten. Ohne etwas zu riskieren, kommen wir mit der Entwicklung des Trabes nicht weiter. Das Feingefühl des Reiters muß das Maß des Vorwärtsreitens bestimmen.

Wir beenden das Zulegen durch die Übung: Zügel-aus-der-Hand-kauen-lassen. Dazu gehen wir auf den Zirkel, öffnen die Fäuste und gestatten dem Pferd, die Zügel allmählich aus der Hand zu ziehen. Jedes Pferd, das einige Zeit am Zügel gegangen ist, hat das Bestreben, die ermüdeten Halsmuskeln zu dehnen. An der Art und Weise, wie es die Zügel aus der Hand kaut, kann man erkennen, ob die vorangegangene Arbeit richtig war. Kaut das Pferd die Zügel aus der Hand, indem es den Hals mit vorwärts abwärts gestreckter Nase dehnt, sich also entspannt und den Rücken aufwölbt, kann der Reiter zufrieden sein. Verkriecht sich das Pferd hinter dem Zügel und macht es keine Anstalten, den Hals vorwärts abwärts zu dehnen, war die Arbeit falsch. Der Reiter hat versäumt, dem Pferd im Arbeitsteil der Stunde beizubringen, die Anlehnung nach vorn an das Gebiß zu suchen. Der Rücken des Pferdes ist fest geblieben. Der Reiter muß an den folgenden Tagen seine ganze Aufmerksamkeit darauf richten, sein Pferd ehrlich an das Gebiß heranzutreiben.

Versucht das Pferd, bei der Übung Zügel-aus-der-Hand-kauen-lassen, die Zügel mit einem Ruck aus der Hand zu ziehen, deutet dies darauf hin, daß der Reiter mit zu starker Handeinwirkung sein Pferd im Hals zusammengezogen hat.

Nach dem Zügel-aus-der-Hand-kauen-Lassen beenden wir den Arbeitsteil der Stunde oder legen zumindest eine kurze Schrittpause mit hingegebenen Zügeln ein, bevor wir mit anderen Übungen z.B. im Galopp fortfahren.

Der *Mitteltrab* ist die Weiterentwicklung der Übung »Tritte verlängern«. Er ist gekennzeichnet durch schwungvolle, längere Tritte in erweitertem Rahmen. Das Pferd soll sich strecken und Boden gewinnen. Der Schwung wird ausgelöst durch energievolles Beugen und Strecken von Hüft- und Kniegelenk (Hanken). Diese leiten den Fluß der Bewegung über den Pferderücken nach vorn. Je größer die Schwungentfaltung, desto mehr richtet sich das Pferd auf. Hals und Kopf werden höher getragen. Die Stirnlinie steht leicht vor der Senkrechten. Wir kommen in den Bereich der Spezialdressur.

Die Entwicklung des *starken Trabes* setzt einen noch höheren Grad an Rittigkeit und Versammlung voraus. Logischerweise sollte der starke Trab während der Grundausbildung des jungen Reitpferdes nicht geübt werden. Wir wollen gleichwohl die Merkmale des starken Trabes beschreiben, um damit das Bild abzurunden:

Der starke Trab ist die höchste Steigerung der Vorwärtsbewegung im Trab. Er zeigt den höchsterreichbaren Schwung und die besondere Einwirkung des Reiters im Treiben. Wir bezeichnen ihn als einen Glanzpunkt und als das Endergebnis planmäßiger und allseitiger Gymnastizierung des Pferdes.

Den *versammelten Trab* wollen wir während der Grundausbildung des jungen Reit-

Bild 60. Zügel-aus-der-Hand-kauen-lassen als Prüfstein für das entspannte Pferd. Hans-Jürgen Meyer auf dem 6jährigen hannoverschen Wallach »Wallace« von »Wedekind«.

pferdes ebenfalls noch nicht entwickeln. Die Versammlung steht am Ende der Grundausbildung. Sie setzt Losgelassenheit und Durchlässigkeit des Pferdes voraus. Wir brauchen für die Grundausbildung nur den Beginn der Versammlung, den wir durch die halben Paraden entwickeln. Die halbe Parade sollte aber, wenn sie im Trab gegeben wird, sofort wieder durch Nachgeben der Hände und Vortreiben mit Gewicht und Schenkeln in Schwungentfaltung nach vorn umgesetzt werden. Das dient dem Prozeß der Muskelbildung weit mehr, als wenn wir versuchen würden, im verkürzten Tempo zu bleiben und daraus versammelten Trab zu entwickeln, nämlich erhabenes Treten mit gesenkter Hinterhand bei weniger Raumgriff und höherer Aufrichtung des Halses.

Die Entwicklung des Galopps

Der Galopp ist eine springende Bewegung im Dreitakt und die schnellste Gangart des Pferdes. Je nachdem, welches seitliche Beinpaar vorgreift, unterscheiden wir den Rechtsgalopp und den Linksgalopp. Der Hufschlag des Pferdes erklingt im Dreitakt. Als vierte Phase schließt sich eine kurze Pause an, die sogenannte Schwebephase, in der das Pferd mit allen vier Beinen in der Luft schwebt. Der Bewegungsablauf des Galopps ist folgender:

1. äußerer Hinterfuß
2. innerer Hinterfuß und äußerer Vorderfuß
3. innerer Vorderfuß
4. Schwebephase

Im Renngalopp fällt die zweite Phase auseinander, so daß eine Viertaktbewegung zu hören ist.

Wir unterscheiden beim Galopp die Gangmaße: versammelter, Arbeits-, Mittel- und starker Galopp. Geht hierbei der Takt verloren, was häufig im falsch verkürzten Galopp zu beobachten ist, spricht man von fehlerhaftem Viertaktgalopp, der folgende Fußfolge hat:

1. äußerer Hinterfuß
2. innerer Hinterfuß
3. äußerer Vorderfuß
4. innerer Vorderfuß

Der richtig ausgeführte Galopp hingegen zeichnet sich durch schwungvolles Abfußen mit deutlicher Schwebephase aus. Dadurch wird der markante Galoppsprung erzielt, der die Bewegung erst lebhaft und schön werden läßt. Die nebenstehend abgebildeten Bewegungsstudien verdeutlichen dies.

In den vorangegangenen Kapiteln wurden Übungen im Galopp bewußt nicht behandelt, weil diese erst verlangt werden sollten, wenn der Reiter das Pferd im Trab sicher

104

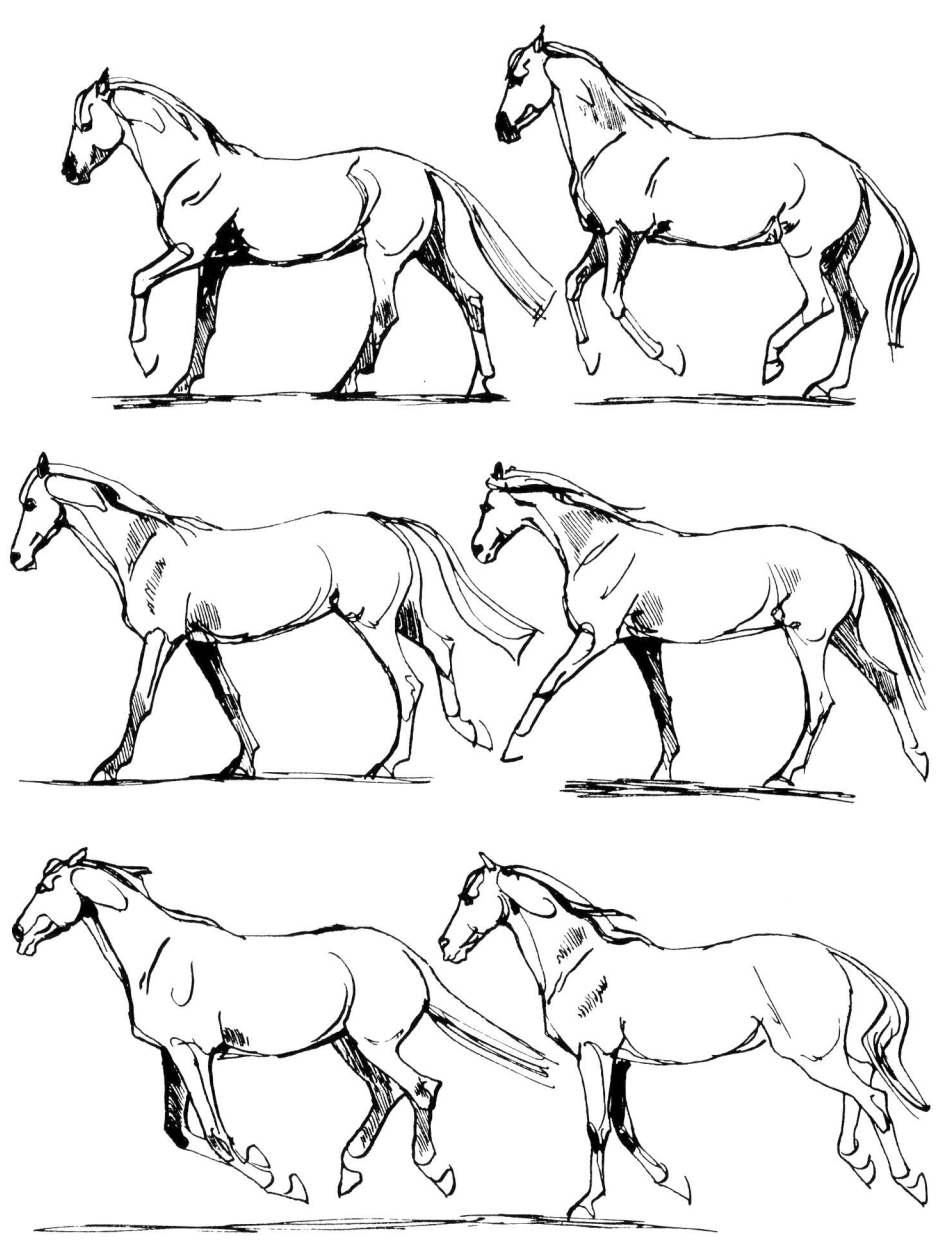

Bild 61. Die Fußfolge im Linksgalopp.

an den Hilfen hat. Natürlich unterdrücken wir bei der Remonte den Galopp nicht, wenn diese ihn im Gelände oder auf dem Reitplatz gelegentlich anbietet. Er soll aber nicht erzwungen werden, weil es für die meisten Pferde schwieriger ist, sich im Galopp zu tragen als im Trab. Darüber hinaus müssen wir das Pferd erst mit den reiterlichen Hilfen zum Angaloppieren vertraut machen, wenn wir es nicht in den Galopp hineinstoßen und riskieren wollen, daß es davonstürmt und wir zum Regulieren gezwungen werden, mit den Händen zu ziehen.

Wie galoppiert man an? – Man geht im Arbeitstrab auf einen großen Zirkel und gibt zur geschlossenen Seite der Bahn eine halbe Parade. Dann verlegt der Reiter sein Gewicht nach innen, indem er die innere Hüfte vorschiebt und den inneren Bügel gut austritt. In der nächsten Phase legt der Reiter den äußeren Schenkel etwas zurück und nimmt den inneren Zügel leicht an. Danach läßt er den Galopp durch energisches Vordrücken des inneren Gesäßknochens, verbunden mit einseitigem Anspannen der Kreuzmuskulatur, Druck beider Schenkel (der innere am Gurt, der äußere etwa eine Handbreit hinterm Gurt) und Nachgeben des inneren Zügels heraus.

Es wäre falsch, jetzt eine ausgedehnte Galoppreise zu reiten. Das Risiko wäre zu groß, weil das Pferd noch Schwierigkeiten hat, sich auszubalancieren. Wir geben uns deshalb mit ein bis zwei Runden im Galopp zufrieden, stellen die Galopphilfen ein und lassen das Pferd in den Trab fallen. Beim ersten Mal parieren wir nach einigen Trabtritten sogar weiter zum Schritt durch, lassen die Zügel los und loben das Pferd, bevor wir erneut in den Trab übergehen und das Angaloppieren wiederholen. Später üben wir den Übergang zum Galopp aus dem Trab im Arbeitsteil der Reitstunde mehrmals hintereinander und gehen dann vom Zirkel auf die ganze Bahn über, um den Galoppsprung frei herauszulassen. Dabei geben wir Hilfen, als wollten wir treiben, um keine Unsicherheiten im Fleiß der Galoppbewegung aufkommen zu lassen. Wir dürfen nicht überrascht sein, wenn die Remonte einmal falsch angaloppiert. Wir wissen, daß die meisten Pferde eine starke und eine schwache Seite haben. In der Regel fällt der Remonte der Linksgalopp leichter, weil der linke Hinterfuß durch die natürliche Schiefe leichter Last aufnehmen kann. Wir üben deshalb erst die diagonalen Hilfen und richten das Pferd gerade, bevor wir den Galopp auf der schwierigeren Seite verlangen. Außerdem prüfen wir uns selbst, ob wir beim Angaloppieren die richtigen Hilfen gegeben haben oder vielleicht in der Hüfte eingeknickt sind.

Mit fortschreitender Ausbildung verfeinern wir die Galopphilfen. Wir benötigen zum Schluß nur noch die einseitige Kreuzeinwirkung, um das Angaloppieren zu er-

Bild 62. Arbeitsgalopp auf der Galoppierbahn in schönem Gleichgewicht. Ruth Klimke auf dem 4jährigen Trakehner Schimmel-Wallach »Optimist« von »Major«. Innerer Schenkel der Reiterin etwas weit zurück.

Bild 63. Entwicklung des Mittelgalopps. Pferd in erweitertem Rahmen mit verlängertem Galoppsprung »bergauf«. Dr. Reiner Klimke auf dem 7jährigen Trakehner Schimmel-Hengst »Fabian« von »Donauwind«.

106

zielen. Im Galopp tritt die natürliche Schiefe im allgemeinen sichtbarer auf als im Trab. Darum muß der innere Schenkel gut vortreiben, sobald das Pferd auf die Hilfe angaloppiert ist.

Durch langes Galoppieren läßt sich der Galoppsprung kaum fördern. Das Pferd ermüdet nur und verliert an Schwung. Es galoppiert mit schleppender Hinterhand. Die Erfahrung hat gezeigt, daß sich der Galoppsprung am besten durch häufige Übergänge vom Trab zum Galopp auf dem Zirkel entwickeln läßt; denn in diesem Stadium der Ausbildung ist das Pferd nicht so weit gefördert, daß wir den Galoppsprung durch halbe Paraden innerhalb der Gangart Galopp setzen und verbessern können. Dieser große Durchbruch kommt erst, wenn die Durchlässigkeit so weit fortgeschritten ist, daß wir Übergänge vom Galopp zum Schritt und umgekehrt üben können. Das setzt den Galoppsprung und hilft uns beim Springen und im Gelände.

Geht das Pferd losgelassen und in Selbsthaltung im Arbeitsgalopp, steigern wir das Tempo auf den langen Seiten bis zum *Mittelgalopp*. Im Mittelgalopp verlangt man längere und raumgreifendere Sprünge. Die Bewegung soll nicht flach sein, sondern bergauf gehen, also mit tieferer Kruppe. Das ist normalerweise nur im Dressursitz erreichbar. Wir kennen darüber hinaus den sogenannten Kanter im leichten Sitz, den wir vorwiegend im Gelände reiten und bei dem das Pferd etwas tiefer eingestellt ist (siehe Abb. 36, S. 67). Zur Kräftigung der Rückenmuskulatur ist ruhige Kanterarbeit sehr zu empfehlen. Wir haben uns dazu im Reiterverein St. Georg Münster eigens eine Galoppierbahn um den offenen Reitplatz angelegt, so daß wir unsere Pferde auf langen Linien ungestört lösen können. Ich habe die Erfahrung gemacht, daß die Bewegungen im Trab und vor allem im Galopp größer und raumgreifender gestaltet werden können, wenn man die Gelegenheit wahrnimmt, zum Lösen und Üben von Verstärkungen die langen Linien der Galoppierbahn in das Ausbildungsprogramm mit einzubeziehen. Es geht alles viel leichter und selbstverständlicher, weil diese Arbeit der Natur des Pferdes als Bewegungstier viel mehr entgegenkommt.

Den *starken Galopp* können wir während der Grundausbildung im Gelände im leichten Sitz reiten. Für den Teilbereich Dressur verzichten wir darauf aus den gleichen Gründen, die uns in diesem Ausbildungsstadium davon abhielten, starken Trab zu üben. Ebensowenig gehört der *versammelte Galopp* in das Programm der Grundausbildung des jungen Reitpferdes. Er wird erst ab Klasse L verlangt.

Ein wichtiger Prüfstein für die Selbsthaltung des Pferdes, den wir in der Grundausbildung gerne benützen, ist das Überstreichen. Überstreichen wird im Trab, aber mehr noch im Galopp verlangt. Es ist im Galopp Bestandteil von Dressuraufgaben. Beim Überstreichen gehen beide Hände über den Mähnenkamm nach vorn (vgl. Abb. 64). Die Anlehnung wird vorübergehend aufgegeben. Nach einem Galoppsprung ohne Anlehnung gleiten die Hände langsam an ihren Platz zurück und nehmen die Verbindung zum Pferdemaul wieder auf.

Bild 64. Überstreichen im Galopp mit beiden Händen über den Mähnenkamm. Heinz Brüggemann auf dem westfälischen Fuchs-Wallach »La Pace« von »Lugano«. Die Haltung des Pferdes bleibt unverändert.

Unruhige Pferde lassen sich durch mehrfaches Überstreichen gern beruhigen. Der Sitz des Reiters bleibt dabei unverändert. Nur die Hände gehen vor. Das Pferd soll die Nase etwas nach vorn nehmen, ansonsten aber Tempo, Takt und Haltung nicht verändern. Dann ist es richtig ausgebildet. Wir kennen schließlich noch die Kontrolle, ob das Pferd auch am äußeren Zügel steht. Dazu geht die innere Hand allein vor und klopft beruhigend an den Hals. In Dressurprüfungen wird diese Art des Vorgehens nicht verlangt. Sie ist aber gleichwohl nützlich bei der Anwendung diagonaler Hilfen.

Die Entwicklung des Schritts

Der Schritt ist eine schreitende Bewegung im Viertakt. Die Vorwärtsbewegung der Füße erfolgt in diagonaler Reihenfolge nacheinander in gleichmäßigen Zeitabständen, und zwar:

1. rechter Vorderfuß
2. linker Hinterfuß
3. linker Vorderfuß
4. rechter Hinterfuß

109

110

Jede Abweichung ist fehlerhaft, insbesondere die paßartige Fußfolge, bei der die Viertaktbewegung so sehr übereilt wird, daß die Phasen eins und vier sowie zwei und drei fast zusammenfallen.

Wir unterscheiden im Schritt die Gangmaße: Mittelschritt, starker Schritt und versammelter Schritt. Der *Mittelschritt* entspricht dem Arbeitstempo dieser Gangart. Das Pferd schreitet frisch, regelmäßig und zwanglos aus. Die Hinterhufe greifen etwas über die Spuren der Vorderfüße hinaus. Im *starken Schritt* schreitet das Pferd mit weiten, raumgreifenden Schritten, die so lang sein müssen, wie es sein Körperbau zuläßt. Trotzdem darf keine Eile aufkommen. Die Hinterhufe fußen weit über die Fußspuren der Vorderfüße hinaus. Der Reiter läßt dem Pferd volle Halsfreiheit, ohne jedoch die Verbindung mit dem Pferdemaul und Genick aufzugeben. Im *versammelten Schritt* richtet sich der Hals des Pferdes entsprechend der erreichten Versammlung auf. Die einzelnen Schritte decken weniger Raum, und die Hinterhufe fußen deshalb hinter den Fußspuren der Vorderfüße. Dafür sind sie erhabener, weil die Gelenke vermehrt gebeugt werden. Der Fleiß muß unbedingt erhalten bleiben. Während der Grundausbildung kann man im Schritt eigentlich nur Fehler machen.

Bild 65 (links). Die Fußfolge im Schritt.

Bild 66. Schritt mit hingegebenem Zügel eines zufrieden gehenden Pferdes. Irina Meyer auf dem 4jährigen westfälischen Hengst »Poseidon« von »Paradox«.

Von einer Entwicklung dieser Gangart kann man nur bedingt sprechen; denn jeder Ausbilder ist gut beraten, wenn er junge Pferde in der Grundausbildung im Schritt überwiegend mit hingegebenem Zügel oder am Ende der Stunde am langen Zügel reitet. Ich empfehle dies deshalb, weil sich gerade im Schritt am Zügel sehr leicht Taktstörungen einschleichen, die sich später nur außerordentlich schwer beseitigen lassen. Warum sollen wir uns also unnötige Probleme aufhalsen? Ich habe die Erfahrung gemacht, daß junge Pferde, die im Trab und Galopp gelernt haben, sicher am Zügel zu gehen, dies nachher auch im Schritt tun. Die umgekehrte Feststellung habe ich bei der Ausbildung der mir anvertrauten Pferde nicht treffen können.

Der am meisten verbreitete Fehler, den viele Reiter im Schritt begehen, ist die zu starke oder gar rückwärts wirkende Handeinwirkung. Ich kann dies nur so erklären, daß durch den fehlenden Schwung der Schrittbewegung dem Reiter nicht genügend bewußt wird, wann die treibenden Hilfen im Verhältnis zur Handeinwirkung zurückbleiben. Die Ausbildungsmethode, ein Pferd erst im Schritt, dann im Trab und schließlich im Galopp an den Zügel zu stellen, kann ich aus den genannten Gründen nicht gutheißen. Ich folge lieber dem Grundsatz: wenn ein Pferd im Trab und Galopp sicher am Zügel geht, tut es dies auch im Schritt. Ich brauche Schritt am Zügel also nicht zu üben.

Während der Grundausbildung lasse ich das Pferd möglichst viel im freien Schritt mit hingegebenem Zügel gehen. Den starken Schritt und den versammelten Schritt kann ich in dieser Ausbildungsstufe vergessen. Den Mittelschritt reite ich kurzfristig dann, wenn ich Übergänge vom Trab zum Schritt und vom Galopp zum Schritt und umgekehrt übe; sonst nur während des Schenkelweichens und Viereckverkleinerns und -vergrößerns. Man mag mir entgegenhalten, daß ich mit dieser Ausbildungsmethode der Entscheidung aus dem Wege gehen wolle. Mir ist auch klar, daß erfahrene Ausbilder wie z.B. Wätjen die Anweisung geben, die Remonte erst im Mittelschritt und Arbeitstrab »gut in die Hand zu reiten«, bevor man mit der Galopparbeit beginnt. Ich persönlich kann aber nur das beschreiben, was ich selbst erlebt und ausprobiert habe. Und das habe ich vorstehend getan. Ich predige den hingegebenen Zügel auch deshalb, weil diese Methode für den unerfahreneren Ausbilder weniger Fehlerquellen in sich birgt.

Wir halten fest: In der Grundausbildung des jungen Pferdes beschäftigen wir uns nur mit zwei Gangmaßen des Schritts: dem freien Schritt und dem Mittelschritt. Im ersten Ausbildungsjahr reiten wir den freien Schritt mit hingegebenem Zügel. Im zweiten Ausbildungsjahr entwickeln wir aus dem freien Schritt den Mittelschritt, erst im Gebrauchsschritt am langen Zügel im Gelände, dann in der Reitbahn während der kurzen Phasen nach Übergängen aus dem Trab und Galopp, zum Schenkelweichen, Viereckverkleinern sowie zum Halten. Wer mutiger ist und keine Taktfehler heraufbeschwört, mag den Mittelschritt am Zügel üben, so wie er in Dressurprüfungen der Kl. A verlangt wird.

112

Tips für die Ausbildung von Pferden mit Temperaments- und Gebäudefehlern

Die Reitpferdezucht hat in den letzten zwei Jahrzehnten große Fortschritte zu verzeichnen. Die Qualität der angebotenen Reitpferde ist im allgemeinen besser geworden. Trotzdem wissen wir, daß es ein Reitpferd ohne Fehler praktisch nicht gibt. Das Idealpferd ist das Ziel, das wir anstreben können, aber nur in ganz seltenen Fällen erreichen werden. Die große Kunst des Ausbilders besteht deshalb darin, die individuellen Besonderheiten des ihm anvertrauten Pferdes zu erkennen und bei der Ausbildung zu berücksichtigen. Wir müssen wissen, welche Mängel des Temperaments oder des Körperbaus ganz oder teilweise ausgeglichen werden können und wie man dies erreichen kann. Dazu gehört naturgemäß viel Erfahrung, die man nur durch langjährigen Umgang mit den verschiedensten Pferden sammeln kann.
Obwohl festzuhalten ist, daß die Ausbildung jedes Pferdes individuell erfolgt und der in den vorstehenden Kapiteln beschriebene Ausbildungsgang nur den Rahmen für die tägliche Arbeit abstecken kann, gibt es auch für die Ausbildung von Pferden mit Temperaments- und Gebäudefehlern Erfahrungssätze, die uns bei der Überwindung solcher Schwierigkeiten helfen können. Dadurch wird der grundsätzliche Ausbildungsweg nicht verlassen, sondern lediglich ergänzt. Es gelten also auch für Problemfälle die Ausbildungsgrundsätze, die in den vorangegangenen Kapiteln im einzelnen dargelegt worden sind.

Pferde mit Temperamentsfehlern

Temperament und psychische Eigenschaften des Pferdes sind angeboren. Wir können sie durch richtige Erziehung und Gewöhnung verbessern und für die Verwendung des Pferdes als Reitpferd nutzbar machen. Wir können sie aber durch falsche und schlechte Behandlung auch sehr leicht verschlechtern. Beide Arten von Fehlern, die angeborenen sowie die anerzogenen, sind schwer zu korrigieren. Die Erfahrung lehrt, daß selbst bei geduldigster Arbeit damit gerechnet werden muß, daß der Fehler bei einer sich bietenden Gelegenheit wieder auftritt.

Ängstliche Pferde, die dazu neigen, bei ungewohnten Erscheinungen, wie z.B. Geräuschen, Fahnen, schnellen Bewegungen, ihre Rettung in der Flucht zu suchen, können durch sorgsame Arbeit beruhigt werden, wenn man sich mit ihnen mehr Zeit nimmt. Ist mit der Ängstlichkeit auch Bodenscheuheit verbunden, hat man einen schweren Stand. Ein von Natur aus bodenscheues Pferd wird diese Eigenschaft nach meinen Erfahrungen nie ganz ablegen. Hier sind dem Ausbilder einfach Grenzen gesetzt. Eine gewisse Überempfindlichkeit und Ängstlichkeit hingegen kann erfolgreich in Leistung umgesetzt werden. Ich persönlich bilde lieber Pferde aus, die reichlich gehlustig, wenn auch ein bißchen überempfindlich und ängstlich sind, als faule Pferde. Das etwas nervöse Pferd ist dankbar für einen ruhig sitzenden Reiter, der sich kaum bewegt und abwarten kann. Es braucht mehr Bewegung und weniger Hilfen. Wenn man die Geduld aufbringt, lange genug mit abwartenden Hilfen zu reiten, kommt der Tag, an dem das Pferd den Schenkel annimmt und sich treiben läßt. Dann hat man gewonnen. Reiter, die wenig Geduld haben, sollten von nervösen Pferden die Finger lassen.

Faule Pferde können einen Reiter zur Verzweiflung bringen. Wir müssen jedoch zunächst ausfindig machen, ob die mangelnde Gehlust angeboren ist oder auf anderen Ursachen beruht, wie z.B. mangelnde Kondition, Krankheit, Unkenntnis der Reiterhilfen. Man geht mit laurigen Pferden am besten viel ins Gelände, wenn möglich begleitet von einem gehlustigen Stallgefährten, der mitzieht. Bei anhaltender Faulheit darf der Reiter ruhig einmal zu einem drastischen Mittel greifen, indem er im passenden Augenblick kurz und energisch die Gerte anlegt. Springt das Pferd dann nach vorn, sollte es sofort gelobt werden. Nach meinen Erfahrungen muß dieses Verfahren einige Male angewendet werden, ehe das Pferd den Ernst der Situation erkannt hat und auch auf leichtere Hilfen anschließend zuverlässig anspricht. Es ist wichtig, daß der Reiter sich durchsetzt und eine Vorwärtsreaktion des Pferdes erzielt. Dann kann und muß er die Stärke der Hilfen wieder herabsetzen, um das Pferd nicht abzustumpfen.

Widersetzliche Pferde können in der Abwehr gegen den Reiter erhebliche Kraft und Energie entwickeln. Das gilt insbesondere, wenn sie erkannt haben, daß sich ein schwacher Reiter nicht richtig durchsetzen kann. Sie werden schnell zu Steigern – eine unangenehme Eigenschaft, die einem Pferd nur sehr schwer wieder abzugewöhnen ist. Zu ihrer Korrektur braucht man einen sattelfesten, mutigen Reiter, der durch beherztes Treiben dem Pferd keine Zeit zur Widersetzlichkeit läßt. Anschließend muß der Reiter sein Pferd im rechten Moment loben, damit die Vertrauensbasis wieder hergestellt wird. Beim Ansatz zum Steigen oder Durchgehen kann eine blitzschnelle einseitige Zügeleinwirkung helfen, die Widersetzlichkeit zu verhindern. Sie darf nur nicht zu spät oder zu lang angesetzt werden, damit sich das Pferd mit dem Reiter nicht überschlägt.

Pferde mit Gebäudefehlern

Pferde mit ausgeprägten Gebäudefehlern werden als Reitpferde kaum noch angeboten. Bei geringeren Abweichungen kommt es darauf an, daß wir die schwach entwickkelten Körperpartien des Pferdes zunächst zu Lasten gut entwickelter Körperteile vor Überanstrengung schützen und sie dann langsam durch entsprechende Übungen stärker und voll belastbar machen. Das ist leichter gesagt als getan.

Pferde mit fehlerhaften Hälsen finden wir im heutigen Reitpferdeangebot immer wieder. Wenn diese Mängel mit dicken Ganaschen verbunden sind, hat man nur selten eine Chance auf echte Korrektur. Dicke Ganaschen machen es dem Pferd anatomisch unmöglich, im Genick mit der erforderlichen Leichtigkeit nachzugeben, weil die Ganaschen auf den Hals drücken und damit im Wege stehen. Ich rate bei einem solchen Pferd nach Möglichkeit von einer Ausbildung als Reitpferd ab.

Mängel des Halses, z.B. falscher Knick (wenn das Genick des Pferdes nicht der höchste Punkt ist), sind bei gerittenen Pferden mitunter das Ergebnis zu starker Handeinwirkung. Bei jungen wie auch bei verrittenen Pferden sollten wir uns in der Ausbildung und Korrektur von dem Grundsatz leiten lassen: wer den Hals umformen will, bearbeite die Hinterhand und den Rücken des Pferdes.

Einen langen, dünnen Hals, der in seinem oberen Teil stark gebogen und am Rumpf zu hoch aufgesetzt ist, bezeichnen wir als *Schwanenhals*. Pferde mit Schwanenhals haben meistens Schwierigkeiten, das Gebiß anzunehmen. Wir müssen unser Au-

Bild 67. Links: Pferd mit Schwanenhals. Rechts: Pferd mit starkem Unterhals (Hirschhals).

genmerk darauf richten, diese Pferde längere Zeit lang und tief zu reiten. Sie dürfen nicht zu früh aufgerichtet werden. Sonst bekommt der Hals leicht einen falschen Knick. Erst wenn das Pferd gelernt hat, den Hals mit vorwärts abwärts gestreckter Nase zu dehnen und dabei die Anlehnung an das Gebiß zu suchen, können wir mit der Ausbildung fortfahren. Wenn Pferde mit Schwanenhals zu früh aufgerichtet werden, bleiben sie häufig auch »wackelig« am Widerrist. Der Hals steht nicht fest. Er kann sich nach Belieben aufrollen oder zur Seite ausweichen und damit Verwerfungen im Genick und ein Ausfallen über die äußere Schulter provozieren. Ganz besonders wichtig ist bei Pferden mit Schwanenhals das frische Vorwärtsreiten. Gibt es gleichwohl Anlehnungsschwierigkeiten, empfehle ich, ein dickeres Trensengebiß auszuprobieren. Beim Reiten von Wendungen sind die äußeren Hilfen häufig vermehrt zu beachten. Der Mangel kann echt nur behoben werden, wenn es gelingt, die unteren Halsmuskeln durch Lang-und-tief-Reiten zu kräftigen.

Als *Hirschhals* bezeichnen wir die Halsform des Pferdes, die durch starke Entwicklung der Muskulatur des Unterhalses auffällt. Diese macht es dem Pferd schwer, sich zu strecken und den Hals zu dehnen. Wir müssen versuchen, die unteren Halsmuskeln zu lockern und die oberen stärker zu machen. Longenarbeit, tief ausgebunden, gegebenenfalls mit einem dritten Ausbindezügel durch den Verbindungssteg (siehe Abb. 29, Seite 54), kann dabei sehr nützlich sein. Mit einem zu starken Unterhals ist meistens ein fester Rücken verbunden. Zur Lockerung hat sich die Arbeit über Cavalettis bewährt, die im folgenden Kapitel ausführlich beschrieben wird, ebenso das Springen über Gymnastikhindernisse.

Pferde mit fehlerhaftem Rücken müssen nicht immer Problempferde sein. Ein langer Rücken z.B. läßt den Reiter häufig weicher sitzen. Wenn er eine gut bemuskelte Verbindung mit dem Widerrist und der Lende hat, kann man ihn nicht als fehlerhaft bezeichnen. Im Gegenteil muß man sagen, daß in diesem Fall der etwas längere Rükken durch größere Geschmeidigkeit der Ausbildung geradezu entgegenkommt. Wenn der Rücken jedoch so lang ist, daß er ein Untertreten der Hinterbeine in Richtung Fußpunkt der Schwerlinie behindert, wird die dressurmäßige Ausbildung erschwert, weil das Pferd mit den Hinterbeinen zu kurz tritt. Für die Verwendung als Spring- oder Geländepferd mögen diese Fehler weniger hinderlich sein, da der Rükken im Springen als Balancierstange des Pferdes manchen Rumpler besser ausgleichen kann. Für die Dressur kann die Brauchbarkeit nur bedingt hergestellt werden; denn ein Pferd, welches mit den Hinterbeinen die Hufspuren der Vorderfüße kaum erreicht, kann in einer Dressurprüfung nicht bestehen. Das müssen wir wissen, wenn wir mit der Grundausbildung eines solchen Pferdes beginnen. Verändern können wir einen langen Rücken durch Ausbildung nicht. Wir haben nur eine Chance, durch häufige Übergänge und halbe Paraden die Hinterbeine zu längeren Tritten, Schritten und Sprüngen zu veranlassen.

Pferde mit kurzem Rücken, auch Quadratpferde genannt, sind natürlich leichter zu

Bild 68. Pferd mit langem Rücken und herausgestellter Hinterhand.

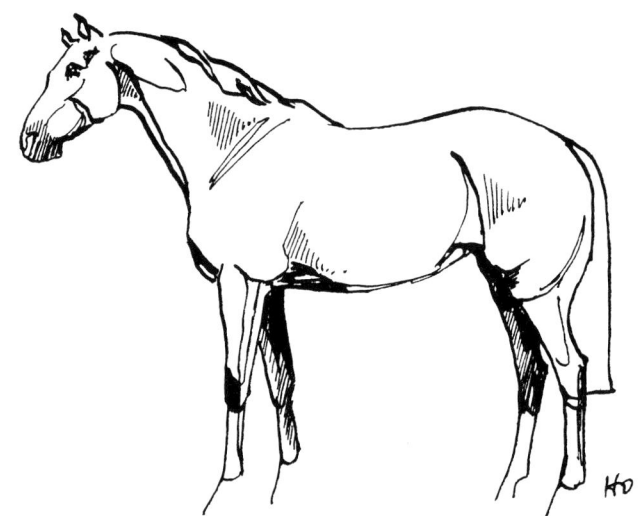

Bild 69. Pferd mit kurzem Rücken.

Bild 70. Überbautes Pferd.

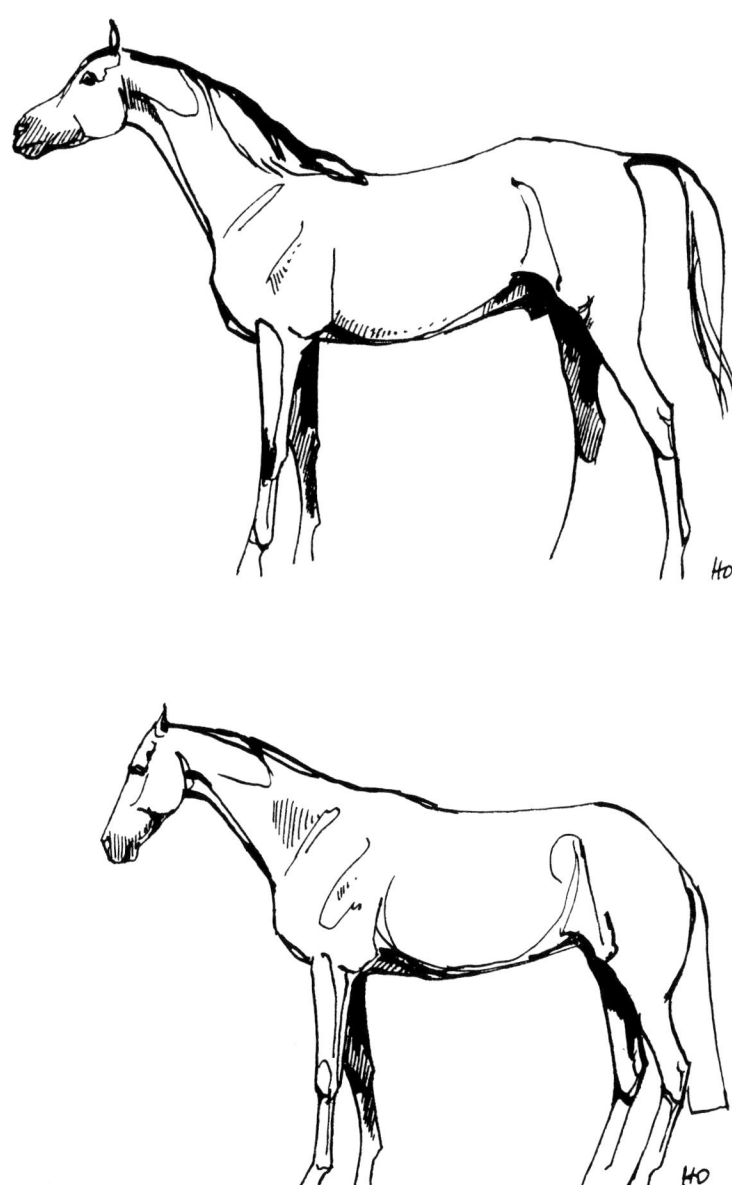

Bild 71. Pferd mit abschüssigem Rücken und Säbelbeinen.

118

versammeln, weil die Hinterbeine von Natur aus besser untertreten. Dafür haben diese Pferde durchweg Rückenprobleme. Der kurze Rücken hält sich immer etwas fest und braucht zur Entspannung einen verhältnismäßig langen Hals. Ist dieser nicht vorhanden, wird man kaum raumgreifende Bewegungen erzielen können. Pferde mit kurzem Rücken lassen meistens auch schlechter sitzen. Sie können nur zu ihrer vollen Leistungsfähigkeit gebracht werden, wenn der Reiter sein Hauptaugenmerk auf lösende Übungen legt und mit besonders weichen Händen arbeitet.

Junge Pferde, die noch nicht voll ausgewachsen sind, erscheinen manchmal *überbaut*. Darunter verstehen wir ein Pferd, dessen Kruppe höher liegt als der höchste Punkt des Widerristes. Als Folge davon belasten diese Pferde die Vorhand stärker als die Hinterhand. Wenn sich das nicht auswächst, bleibt ein solches Pferd für die Verwendung als Dressurpferd ungeeignet. Für den Springsport muß sich diese Erscheinung nicht unbedingt nachteilig auswirken. Beispiele wie Halla (Hans Günther Winkler) und Ala (Alfons Lütke-Westhues) haben dies gezeigt.

Überbaute Pferde sollte man nicht zu lange lang und tief reiten. Wir streben schon während der Lösungsphase die – wenn auch etwas längere – Gebrauchshaltung an, um das Pferd ins Gleichgewicht zu richten.

Pferde mit abschüssigem Rücken haben oft sogenannte Säbelbeine. Diese können infolge ihrer kleineren Winkel nur wenig Schubkraft entwickeln. Als Springpferde eignen sich solche Pferde deshalb nicht. Aber auch bei der Dressur ist Vorsicht am

Bild 72. Pferde mit fehlerhafter Beinstellung. Links: faßbeinig. Rechts: kuhhessig.

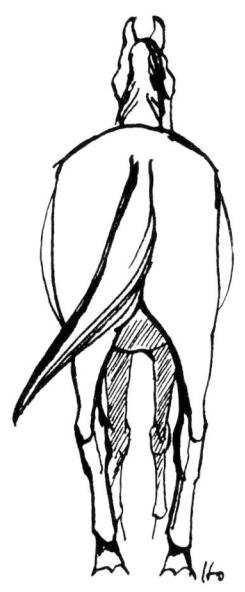

Platze; denn die Hinterbeine derartiger Pferde können zwar leichter untertreten, nehmen aber in der Regel auch eher Schaden, weil sie von Natur aus in den Sprunggelenken zu stark beansprucht werden. Pferde mit abschüssigem Rücken sind nach veterinärmedizinischer Erfahrung spatanfällig. Sie sollten wenig versammelt und viel vorwärts geritten werden.

Pferde mit fehlerhafter Beinstellung kann man nur mit großer Vorsicht arbeiten. Wenn nicht besondere Gehlust vorhanden ist, die erfahrungsgemäß manchen Gebäudefehler zu überspielen in der Lage ist, muß sich der Ausbilder über die Grenzen seiner Tätigkeit im klaren sein. Ein sogenanntes kuhhessiges Pferd, bei dem die Hinterbeine zu nahe beieinander stehen, birgt die Gefahr einer Überbeanspruchung der Sprunggelenke gleichermaßen wie das faßbeinige Pferd, bei dem die Hinterbeine zu weit voneinander gestellt sind. Beide Abweichungen vertragen nur wenig versammelnde Übungen. Nach meinen Erfahrungen läßt sich die kuhhessige Stellung noch eher verarbeiten als die faßbeinige, die naturgemäß zum Breittreten und zu frühem Verschleiß führt. Man kann zwar durch diagonale Hilfen und Schulterherein einen Ausgleich versuchen. Ob der Versuch jedoch auf die Dauer Erfolg haben wird, läßt sich kaum vorhersagen.

Fehler im Temperament und Gebäude lassen sich wirksam nur bekämpfen, wenn andere Vorzüge vorhanden sind, die die Arbeit lohnend erscheinen lassen. Sonst sollte man die Mühe nicht auf sich nehmen.

Cavalettiarbeit

Cavalettis, zu deutsch: Bodenricks, sind Holzstangen, die an den beiden Enden auf niedrigen Ständern befestigt sind. Ihre Erfindung verdanken wir den Italienern. Caprilli, dessen Lehre von der natürlichen Ausbildungsmethode um die Jahrhundertwende zu einer Umwandlung des Springstils führte, ließ die Pferde in verschiedenen Gangarten mit und ohne Reiter über Bodenricks treten. Daraus entwickelte sich die Cavalettiarbeit, die nicht nur an den italienischen Kavallerieschulen zu einem festen Begriff wurde, sondern auch in die deutsche Reitvorschrift Eingang fand.

Bodenricks sind ein wertvolles Hilfsmittel für die Ausbildung des jungen Reitpferdes. Ich möchte darauf für die Ausbildung der mir anvertrauten jungen Pferde nicht mehr verzichten, nachdem ich jetzt über drei Jahrzehnte Erfahrungen bei der Arbeit mit Cavalettis sammeln konnte.

Warum lohnt sich der Einsatz von Cavalettis bei der Grundausbildung des jungen Reitpferdes? – Wir müssen uns nochmals vor Augen führen, welches Ziel wir verfolgen: Wir wollen das junge, noch ungerittene oder gerade erst angerittene Pferd durch systematisches Training so weit fördern, daß es die Reiterlast im Rücken ohne Mühe ausbalancieren und sich in einer Haltung und Form bewegen kann, die Ausgangspunkt für die spätere volle Entwicklung seiner Leistungsfähigkeit ist. Darüber hinaus soll die Arbeit Freude machen und abwechslungsreich sein, damit das Pferd nicht abstumpft.

Richtig angewandte Cavalettiarbeit hilft uns auf diesem Wege. Sie dient zur Lockerung und Kräftigung der Muskeln, bereitet das Reiten über unebenes Gelände vor und stellt die Vorübung für das Springen dar. Das junge Pferd lernt, seinen Schwerpunkt rasch und sicher zu verlagern. Es bekommt eine größere Trittsicherheit, weil es seine Schritte, Tritte und Sprünge nach den festliegenden Bodenricks richten muß. Die Rückenmuskulatur wird durch das Reiten über Cavalettis mit tiefer Halseinstellung kräftiger. Das Pferd lernt »tauchen«, also den Hals vor dem Absprung vorwärts abwärts zu nehmen und dadurch den besten Absprung zu finden.

Wir können mit Hilfe von Cavalettis wertvolle Einblicke in die Psyche des Pferdes erhalten und darauf einwirken. Die Art und Weise z.B., mit der das Pferd eine ihm gestellte Aufgabe über Cavalettis meistert, ob es willig und ruhig bleibt oder heftig wird und sich widersetzt, läßt Rückschlüsse auf Temperament und Charakter zu. Durch wechselnden Aufbau und unterschiedliche Abstände kann die Gelehrigkeit erprobt und weiter gefördert werden. Die Pferde werden aufgeweckter und lernen vor allem, bestimmte Aufgaben selbständig zu lösen. Wir haben also viele Möglichkeiten, Cavalettis als Hilfsmittel in die Grundausbildung des jungen Reitpferdes erfolgreich mit einzubeziehen.

Wie dies am besten erfolgt, welche Chancen sich bieten, aber auch welche Gefahren mit einer falschen Anwendung von Bodenricks verbunden sind, habe ich in meinem Buch „Cavaletti. Ausbildung von Reiter und Pferd über Bodenricks« beschrieben. Wer an einer ausführlichen Darstellung interessiert ist, die auch die Korrektur schwieriger Pferde und die Anwendung in den Spezialdisziplinen für fortgeschrittene Pferde beinhaltet, mag dort nachlesen. In den folgenden Kapiteln beschränke ich mich im Rahmen des hier gestellten Themas auf Anregungen und Vorschläge für den Bereich der Grundausbildung des jungen Reitpferdes.

Bodenricks in verschiedenen Ausführungen

Es gibt verschiedene Arten von Bodenricks, die in der Abbildung 73 gezeigt werden. Die einen haben vierkantige Ständer. Bei den anderen sind die Ständer als Kreuz befestigt. Die Stangen sollen dick, rund und hart sein, damit sie vom Pferd genügend

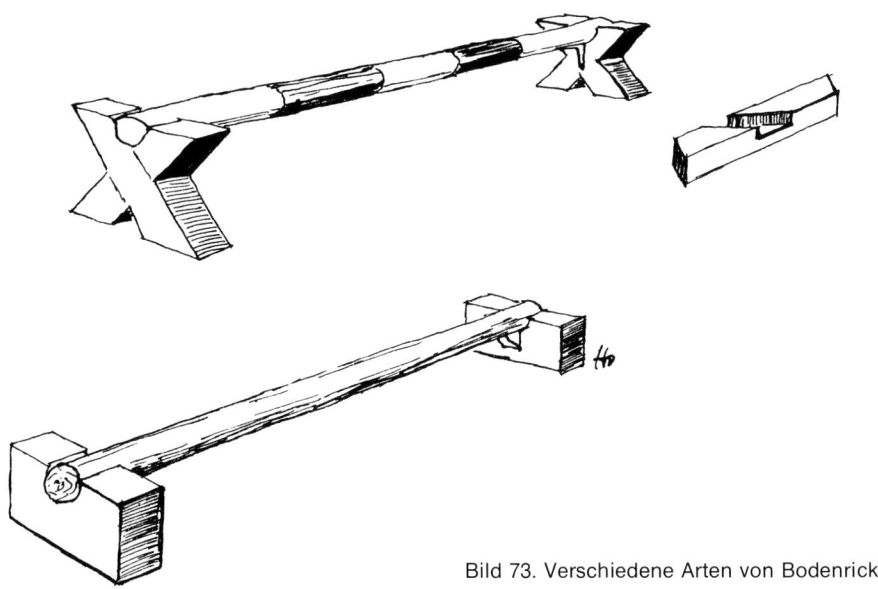

Bild 73. Verschiedene Arten von Bodenricks.

122

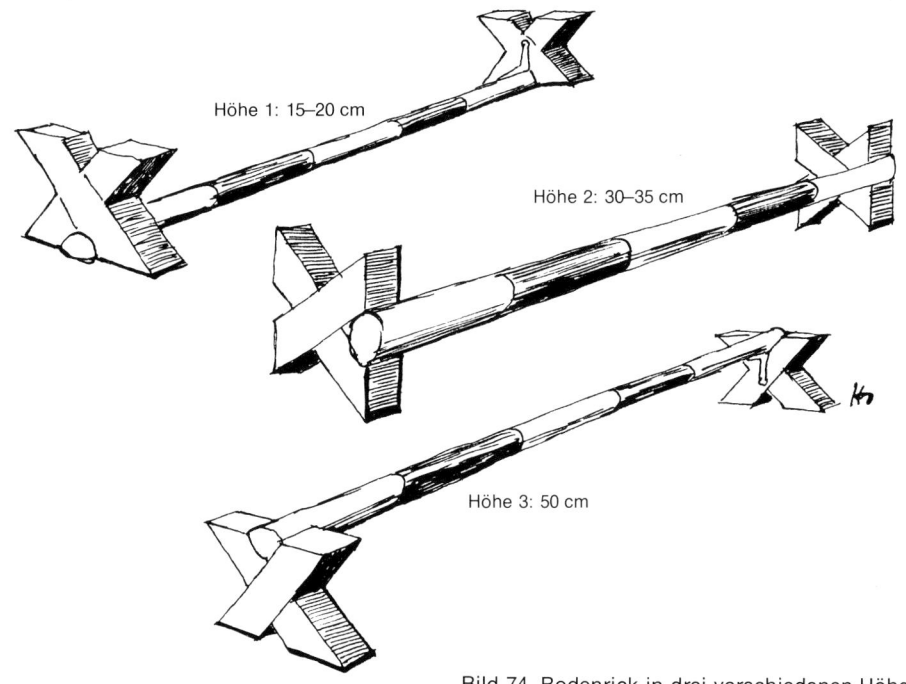

Höhe 1: 15–20 cm

Höhe 2: 30–35 cm

Höhe 3: 50 cm

Bild 74. Bodenrick in drei verschiedenen Höhen

beachtet werden und nicht splittern und zu Verletzungen führen, wenn das Pferd anstößt. Die günstigste Länge beträgt in der Regel zwei bis drei Meter. Je länger die Stangen sind, desto schwieriger kann es für den Reiter werden, sein Pferd über den Cavalettis geradeaus zu reiten.

Ich bevorzuge die Cavalettis mit den Kreuzständern, weil sie nicht so schwer sind und sich leichter verstellen lassen. Die niedrigste Höhe, die gleichzeitig als das normale Maß anzusehen ist, beträgt 15 bis 20 Zentimeter. Sie dient insbesondere der Schritt- und Trabarbeit. Für Galopp empfiehlt sich das Verstellen auf 50 Zentimeter, damit der Galoppbewegung der nötige Ausdruck verliehen wird und die Pferde von vorneherein zur Aufmerksamkeit erzogen werden. Die Abbildung 74 zeigt die Aufstellung des Bodenricks in den drei verschiedenen Höhen.

Cavaletti-Ersatz durch Stangen

Wer keine Cavalettis besitzt, kann sie mit gewissen Einschränkungen auch durch einfache Stangen ersetzen. Stangen haben jedoch verschiedene Nachteile und sind deshalb – strenggenommen – kein richtiger Ersatz. Sie erreichen einmal nicht die

123

gewünschte Höhe von 15 bis 20 Zentimetern und werden darum von den Pferden oft nicht genügend beachtet. Zum anderen verrutschen sie leicht, wenn die Pferdehufe dagegen stoßen. Schließlich können sie sogar gefährlich werden, falls ein Pferd darauftritt, weil durch die wegrollende Stange zu leicht eine Verstauchung des Fesselgelenks oder eine Sehnenzerrung verursacht werden kann. Darum sollte man bei der Verwendung von Stangen als Cavaletti-Ersatz zumindest darauf achten, daß die Stangen vorher befestigt werden.

Im Durchschnitt genügt es, wenn man vier bis sechs Bodenricks oder Stangen zur Verfügung hat. Für junge Pferde schafft man am besten noch eine seitliche Begrenzung, sei es durch Fänge oder durch Stangen in Längsrichtung, wie es die Abbildungen 75 und 80 zeigen.

Bodenverhältnisse

Von entscheidender Bedeutung ist die Frage der Bodenverhältnisse, die häufig leider viel zu sehr vernachlässigt wird. Die Arbeitsleistung, die vom Pferd verlangt wird, richtet sich nicht nur nach der Anzahl der Cavalettis und der Dauer der Übung; sie ist im besonderen Maße auch von der Beschaffenheit des Untergrundes abhängig. Tiefer Boden erhöht die Belastung, hat aber den Vorteil, daß der Auftritt der Pferdehufe gemildert wird. Harter Boden federt nicht und birgt die Gefahr des Einknickens bei ungleichen Tritten.

Diese Auswirkungen müssen mit berücksichtigt werden, wenn die Arbeit mit Cavalettis Erfolg haben soll. Wer zwischen Gras- und Sandboden wählen kann, möge sich für Sandboden entscheiden, der im übrigen – gerade bei Feuchtigkeit – weniger rutschig ist. In jedem Falle muß jedoch beachtet werden, daß die Cavalettis auf ebenem Untergrund stehen, der keine Löcher hat.

Cavalettiarbeit ohne Reiter

Für das Pferd ist es natürlich eine Erleichterung, wenn es ohne Reiter über Cavalettis treten darf. Es fühlt sich viel freier und ungezwungener, wenn kein Reitergewicht den Bewegungsablauf stört, keine Reiterhand rückwärts wirken und kein Sporn im falschen Augenblick einwirken kann.

Wer eine kleine Reitbahn von höchstens 20×40 Metern hat, sollte das oben beschriebene freie Bewegen des Pferdes in der Reitbahn (siehe Seite 52 ff.) durch Traben über Cavalettis fortsetzen. Damit sollte jedoch gewartet werden, bis die Ausbildung so weit gefördert ist, daß die Remonte angeritten ist und sie die Phase der Gewöhnung an das Gewicht des Reiters gut überstanden hat. Wir dürfen das junge

Pferd im Anfang der Ausbildung nicht verwirren. Erst soll es mit Trense, Sattel und den sonstigen Ausrüstungsgegenständen vertraut gemacht werden, die wir für das Anreiten benötigen. Dann müssen wir uns ganz auf das erste Anreiten konzentrieren, wie es in dem entsprechenden Kapitel oben beschrieben wurde (Seite 57ff.). Erst wenn das geschafft ist, benutzen wir Cavalettis und kleine Hindernisse für die weiter vor uns liegenden Ausbildungsziele. Würden wir dies zu einem Zeitpunkt tun, in dem das Pferd noch nicht gelernt hat, den Reiter zu tragen, und der Rücken noch Zwang verspürt, würden wir seine Nerven unnötig stark belasten. Wir dürften es der Remonte nicht übelnehmen, wenn sie in dieser Phase beim Anblick der Bodenricks ängstlich und verspannt reagieren würde, anstatt sich loszulassen und die Cavalettis freudig anzunehmen. Deshalb wiederhole ich hier erneut meine Empfehlung, Cavalettis erst in die Ausbildung mit einzubeziehen, wenn das Pferd angeritten ist.

Freies Traben über Cavalettis

Die Reitbahn wird so hergerichtet, wie es die Abbildung 75 zeigt. Bevor wir mit der eigentlichen Arbeit beginnen, lassen wir das Pferd erst ohne Cavalettis so ablaufen, wie dies im Kapitel »Freies Bewegen in der Reitbahn« beschrieben wurde. Erst danach folgt der Arbeitsteil: Traben über Cavalettis. Hierzu ist es ratsam, erst ein Cavaletti aufzustellen und die Anforderungen nach und nach bis auf vier Cavalettis zu steigern. Bei zwei Cavalettis glauben die Pferde häufig, einen Weitsprung vor sich zu haben, und versuchen daher, mit einem Satz über beide Ricks zu springen. Hier empfiehlt sich die Aufstellung der Bodenricks in doppeltem Abstand. Drei und vier Cavalettis erziehen am besten zur Trabarbeit, so daß dieser Aufbau möglichst bald erreicht werden sollte. Wir stellen die Cavalettis in der niedrigsten Höhe von 15 bis 20 Zentimetern auf.

Es richtet sich nach Temperament und Ausbildungsstand des Pferdes, ob man ihm schon in der ersten Arbeitsstunde bis zu vier Cavalettis vorsetzt. Keinesfalls

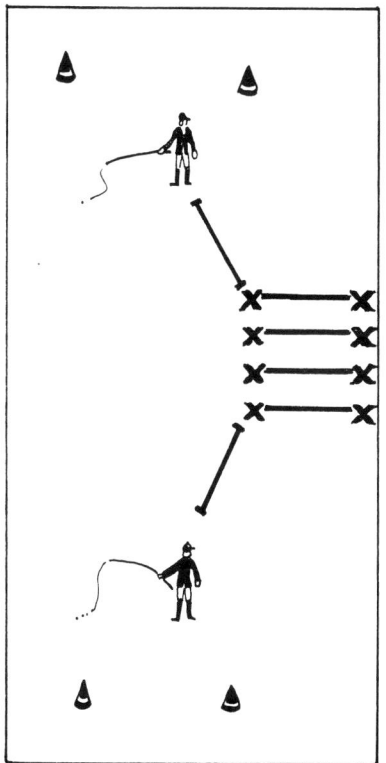

Bild 75. Cavaletti-Aufbau für freilaufende Pferde in der Reitbahn.

sollte man mehr als vier Cavalettis aufstellen, um jedes Risiko einer Überforderung zu vermeiden. Die Arbeit muß Freude machen und vom Pferd gerne geleistet werden. Dann erzielen wir den größten Ausbildungserfolg.

Der Abstand zwischen den einzelnen Bodenricks beträgt im Trab 1,30 bis 1,50 Meter. Das richtige Maß für den Anfang wird in der Regel bei 1,30 Meter liegen. Nach kurzer Beobachtung kann der Abstand gegebenenfalls korrigiert und dem Arbeitstrab des Pferdes angepaßt werden. Wir lassen das Pferd zunächst auf derjenigen Hand traben, auf der es sich am liebsten bewegt. Es wäre zuviel erwartet, wenn man glaubt, die Remonte würde gleich beim ersten Mal willig über die Bodenricks traben. Gewöhnlich galoppiert das junge Pferd vor dem ersten Cavaletti aus Unruhe an und versucht, die Ricks möglichst rasch im Galopp zu überwinden. Das sieht zum Teil recht gefährlich aus, ist es aber in Wirklichkeit nicht. Man muß das Pferd nur völlig in Ruhe lassen und abwarten, bis es von selbst wieder in Trab fällt. Ein paar ruhige, vertraute Worte sind das einzige, was man in diesem Stadium an Hilfestellung geben kann.

Ein seitliches Ausbrechen wird durch die Kegel und Fänge verhindert. Falls das Pferd kehrtmacht oder vor den Bodenricks stehenbleibt, wird es am besten im Trab angeführt und erst kurz vor den Bodenricks losgelassen. Man kann es auch anfangs ganz über die Cavalettis führen.

Sobald das Pferd sich beruhigt hat und die Gangart beibehält, schließt sich die eigentliche Trabarbeit an. Der Reiter versucht jetzt, Einfluß auf das Trabtempo zu gewinnen. Erfahrungsgemäß werden Pferde faul, sobald sie sich beruhigt haben. Es gilt also, durch Schnalzen, kurze aufmunternde Worte oder durch Hochheben einer Peitsche den Trab genügend fleißig zu gestalten. Außerdem soll verhindert werden, daß das Pferd vor den Cavalettis kleine Zwischentritte einlegt, also praktisch unterläuft, anstatt mit raumgreifenden Bewegungen sorgfältig abzufußen.

Empfindliche Pferde brauchen nur wenig treibende Hilfen; manche dagegen lassen sich kräftig auffordern. Insofern ist jedes Pferd verschieden. Der ruhige, gefühlvolle Reiter wird es nicht schwer haben, den notwendigen Kontakt zu seinem Pferd herzustellen. Wer dieses Gefühl noch nicht hat, kann sich bei dieser Gelegenheit schulen und manche Erfahrung für seine spätere Reiterei sammeln.

Die zeitliche Dauer der Übung hängt von dem Trainingszustand des Pferdes ab. Nach meinen Erfahrungen sind zehn Minuten für ein normales Reitpferd schon viel, zumal bereits 10 bis 20 Minuten lösende Arbeit durch Abspringen und Ablaufenlassen mit Ausbindezügeln vorangegangen sind. Wie die Ausbindezügel zu verschnallen sind, ist in dem Abschnitt über das Beizäumen mit Ausbindezügeln, Seite 53, beschrieben. Auf jeden Fall sollte nach spätestens zehn Minuten eine Schrittpause eingelegt werden, in der die Ausbindezügel abgenommen werden, um den freien Vortritt aus der Hinterhand nicht zu blockieren. Dann kann sich – je nach Frische des Pferdes – eine weitere kurze Trabreprise von fünf bis zehn Minuten anschließen. In dieser Abschlußphase vor dem Trockengehen können die Abstände zwischen den Bodenricks behutsam vergrößert werden, um das Pferd zu raumgreifenderen Tritten zu veranlassen. Dazu lasse man es auf der langen Seite ohne Cavalettis einige Male bis zum Mitteltrab zulegen und an der kurzen Seite durch Nachlassen der treibenden Peitschenhilfe wieder zum Arbeitstempo verkürzen. Erst dann sollten die Bodenricks jeweils um einige Zentimeter auseinandergezogen werden. Hierbei ist es wichtig, so geschickt vorzugehen, daß die Aktion des Pferdes nicht unterbrochen wird. Dadurch wird eine fließende Steigerung bis zum raumgreifenden Mitteltrab erreicht. Wie weit die Cavalettis nach und nach auseinandergezogen werden können, läßt sich immer nur von Fall zu Fall entscheiden. Das Höchstmaß dürfte bei 1,50 Meter liegen. Die Grenze ist überschritten, wenn das Pferd gezwungen ist, Zwischentritte zu machen.

Nach fünf bis zehn Minuten mit dem Ziel, die Tritte zu verlängern, sollte die Arbeitsstunde abgeschlossen werden. Die Ausbindezügel werden abgenommen. Das Pferd erhält noch Gelegenheit, ein wenig Schritt zu gehen, bis es abgetrocknet ist und die Flanken und Nüstern sich wieder in Ruhe bewegen. Erst dann wird das Pferd in den Stall zurückgebracht.

Man wird in diesem Zusammenhang vielleicht die Frage stellen, warum ich das Pferd nicht auch im Galopp über Cavalettis gehen lasse. Die Antwort ist folgende: Galoppieren über Cavalettis kostet Kraft und dient im übrigen der Schulung anderer Ausbildungsziele, nämlich vornehmlich dem Springen und Reiten im Gelände. Deswegen bespreche ich diese Arbeit im Zusammenhang mit dem Springen an der Hand. Abgesehen davon ist der Kraftaufwand beim Galoppieren über Bodenricks recht groß, so daß es zu einer Überforderung des Pferdes führen würde, wenn ich an die Trabarbeit die Galopparbeit über Cavalettis anschließen würde. Das freie Traben über Cavalettis ist in dem vorstehend beschriebenen Umfang ein in sich geschlossener Ausbildungsabschnitt mit dem Ziel der Entwicklung des Trabes.

In der Gangart Schritt habe ich beim Freilaufen über Cavalettis keine guten Erfahrungen gemacht. Ich bin ein Gegner davon, Pferde im Schritt auszubinden, weil der Vortritt aus der Hinterhand dadurch zu leicht blockiert wird und sich Taktfehler einschleichen können. Außerdem ist es schwerer, das Pferd im fleißigen Schritttempo ohne Ausbinder auf dem Hufschlag zu halten. Und ohne Ausbindezügel ist die Arbeit wertlos, weil dann die Rückentätigkeit nicht sicher genug beeinflußt werden kann.

Danach bleibt abschließend die Frage zu beantworten, wie oft diese Arbeit ausgeführt werden sollte. Wer Zeit und Gelegenheit hat, sich täglich mit seinem Pferd zu beschäftigen, möge es alle 8 bis 14 Tage einmal frei über Bodenricks traben lassen. Ich persönlich habe die Pferde dann anschließend an diesem Tage nicht zusätzlich geritten. Ich benutze vielmehr den sonst vorgesehenen Stehtag dazu, das freie Bewegen des Pferdes in der Reitbahn durch die Hinzunahme von Cavalettis gezielter und abwechslungsreicher zu gestalten. Wer nicht regelmäßig mit seinem Pferd arbeiten kann, tut trotzdem gut daran, sein Pferd wenigstens ab und zu über Bodenricks frei traben zu lassen. Jede einzelne Stunde, die systematisch aufgebaut wird, ist für die Ausbildung ein Gewinn. Die Verwendung von Bodenricks kann für die Grundausbildung selbst dann empfohlen werden, wenn keine regelmäßige Fortführung gewährleistet ist. Natürlich kann sie den Wert einer planmäßigen Schulung nicht erreichen, weil zuviel Zeit verlorengeht, bis das Pferd die zunächst für es fremden Cavalettis annimmt.

Cavalettiarbeit an der Longe

Der Vorzug der Longenarbeit über Bodenricks besteht in der Möglichkeit, einseitige Steifheiten des Pferdes im Hals und Rumpf zu beseitigen. Durch die Einstellung des Pferdekörpers auf die Kreislinie wird die innere Seite rund oder – wie man auch sagt – hohl gemacht, wodurch die äußeren Hals- und Rumpfmuskeln gedehnt werden. Der innere Hinterfuß wird zum vermehrten Tragen und Untertreten veranlaßt. Die Länge der Tritte kann durch Vergrößern oder Verkleinern des Zirkels ohne Umbau der Cavalettis beliebig verändert werden. Dieser Vorteil ist besonders hoch einzuschätzen, weil man dadurch nach jeder Streckung die Tritte bei der nächsten Runde sofort wieder auf die normale Länge des Arbeitstempos zurückführen kann.

Allerdings ist das Longieren über Bodenricks mit Schwierigkeiten verbunden. Bei mangelnder Wachsamkeit bleibt die etwa sieben Meter lange Longe leicht an den Ständern der Cavalettis hängen. Die Zirkellinie muß unbedingt eingehalten werden, weil der Abstand zwischen den Bodenricks größer oder enger wird, sobald das Pferd die vorgesehene Zirkellinie verläßt. Der Reiter muß also stets auf der Hut sein. Deshalb empfehle ich Anfängern, ihre Pferde lieber erst frei über Cavalettis laufen zu lassen oder sie darüber zu reiten und sich erst später der Longe zu bedienen. Nur wenn man lediglich ein Cavaletti benützt oder sie einzeln auf dem Zirkel verteilt, mag die Verwendung der Longe einfacher sein. Durch den Einsatz von Bodenricks mit vierkantigen Ständern kann einem Festhaken der Longe begegnet werden.

Aufbau der Cavalettis

Für das Longieren über ein Cavaletti ist der Aufbau einfach: Man legt ein Rick auf den Hufschlag des Zirkels. Wenn andere Pferde in der Bahn geritten werden, wählt man als Standort die offene Zirkelseite, um möglichst wenig zu stören. Wer sein Pferd lediglich über Cavalettis ablongieren will, um es nachher noch zu reiten, kann sich auch damit begnügen, drei oder vier Ricks einzeln auf dem Zirkel zu verteilen. Man erreicht dann immerhin, daß die Pferde während einer Zirkelrunde mehrere Male aufmerksam gemacht werden.

Für die eigentliche Ausbildungsarbeit, deren Ziel es bekanntlich ist, den Bewegungsablauf zu kontrollieren, hat sich nach meinen Erfahrungen der auf Bild 76 skizzierte Aufbau am besten bewährt. Er braucht während der Ausbildungsstunde nicht verändert zu werden, setzt allerdings voraus, daß die Pferde bereits Cavalettis kennen und folglich sogleich die Überwindung mehrerer Bodenricks verlangt werden kann.

Der mittlere Kreis dient zum Longieren ohne Cavalettis. Der obere Zirkel ist für die Trabarbeit und der untere für die Schrittarbeit vorgesehen. Die beiden Außenseiten werden sicherheitshalber mit Fängen oder Stangen eingefaßt. Wer keine acht Cavalettis besitzt, kommt auch mit sechs (auf jeder Seite drei) aus und kann zur Ergänzung vielleicht noch eine Stange zwischen die Cavalettis legen. Aber selbst drei Cavalettis auf jeder Seite genügen durchaus. Wichtig ist, daß die Bodenricks strahlenförmig aufgestellt werden, damit sie dem Bewegungsrhythmus auf der gebogenen Linie angepaßt sind.

Der Abstand für Trab beträgt in der Mitte 1,30 Meter, so daß an den Außenseiten hinreichend Spielraum für eine Verlängerung oder Verkürzung der Trabtritte besteht. Die niedrigste Höhe von 15 bis 20 Zentimeter genügt. Im Schritt soll der Abstand in der Mitte 0,80 Meter sein. Im *Galopp* empfehle ich, keine Cavalettis zu verwenden, weil mir die Gefahr einer Schädigung durch übermäßigen Kraftaufwand im Verhältnis zu dem erreichbaren Nutzen als zu groß erscheint. Ich halte es wohl für sinnvoll, Pferde an der Longe über kleinere Sprünge galoppieren zu lassen. Doch gehört das nicht mehr in den Bereich der Cavalettiarbeit, sondern ist bereits reine Springausbildung. – Die Gründe, die beim Freilaufen in der Reitbahn gegen Schrittarbeit sprechen, gelten an der Longe nicht. Durch die Verbindung mit der Longierleine, die Möglichkeit der Peitschenhilfe und die nahe Entfernung zum Reiter läßt sich das Schritttempo hier ohne Schwierigkeiten fleißig halten.

Bild 76. Cavaletti-Aufbau für Longenarbeit.

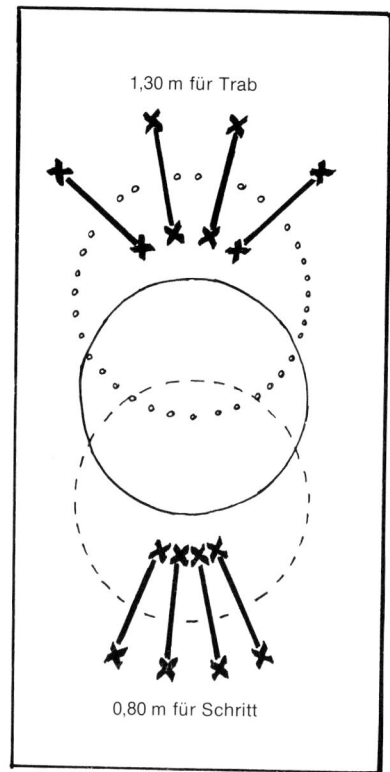

1,30 m für Trab

0,80 m für Schritt

Erste Phase: Ablongieren ohne Cavalettis

Auch das Longieren über Cavalettis muß durch lösende Übungen vorbereitet werden. Zu diesem Zweck läßt man das Pferd zunächst mit leichtester Anlehnung ausgebunden oder, wer es sich bei erfahrenen Pferden leisten kann, sogar ohne Ausbindezügel im Trab oder Galopp etwa fünf bis zehn Minuten auf dem mittleren Zirkel an der Longe ablaufen. Man führe sich stets vor Augen, daß Pferde, die täglich eine Stunde Bewegung erhalten, nahezu 23 Stunden im Stall verbringen. Darum gönne man ihnen am Anfang wenigstens einige Minuten des Ablaufens und beschränke sich darauf, sie während dieser Zeit möglichst wenig zu beeinflussen. Die meisten Pferde werden sich sofort frisch in Bewegung setzen und vielleicht sogar heftig losstürmen. Hier helfen ein paar beruhigende Worte, um die Pferde nach und nach zu normalem Tempo zurückzuführen. Dabei kann die Longe durch kurzes Annehmen und Nachgeben oder durch eine schlängelnde Bewegung mit der Leine zu Hilfe genommen werden. Die Peitsche hält man am besten noch unter dem Arm. – Es gibt auch Pferde, die sich von Anfang an treiben lassen. Sie können schon nach einigen Runden wieder angehalten werden.

Zweite Phase: Anlegen der Ausbindezügel

Nach kurzem Handwechsel und Ablongieren auf der anderen Hand folgt das Anlegen der Ausbindezügel. Hierbei ist zu berücksichtigen, daß die Pferde auf der gebogenen Linie gehen sollen. Der innere Ausbindezügel muß daher kürzer verschnallt werden als der äußere. Das richtige Maß wird bei fünf bis acht Zentimetern liegen, also etwa drei bis fünf Loch. Die Funktion des äußeren Ausbindezügels besteht darin, die Innenstellung zu begrenzen und ein Ausweichen über die äußere Schulter zu verhindern. Der äußere Zügel muß infolgedessen stets mit anstehen. Die Ausbindezügel sind – wie bei der Arbeit auf geraden Linien – rechts und links am Sattelgurt unterhalb des Sattelblattes zu befestigen, damit das Pferd seinen Hals über den Bodenricks vorwärts abwärts dehnen kann. Danach ist auch die Länge der Zügel auszurichten, die im Laufe der Stunde je nach Bedarf mehrfach berichtigt werden sollte. Im Anschluß an das Ausbinden folgen einige Übungen auf dem mittleren Zirkel. Das Pferd wird durch treibende Hilfen mit der Longierpeitsche und Stimme dazu veranlaßt, den Hals im Trab und Galopp fallenzulassen und eine vertrauensvolle Anlehnung an das Gebiß zu nehmen. Wenn das nach ca. 10 bis 15 Minuten auf beiden Händen erreicht ist, kann mit der Ausbildung über Cavalettis begonnen werden. Wir legen eine kurze Schrittpause ein und bitten eine Hilfsperson in die Bahn, die beim Cavalettiaufbau hilft.

Das junge Pferd muß zunächst mit dem Bodenrick vertraut gemacht werden. Daher setze man ihm beim ersten Male lediglich ein Cavaletti vor und lasse es mehrmals in beliebiger Gangart darübertreten. Wenn die Aufregung nachläßt, füge man weitere Cavalettis an, bis der oben beschriebene Aufbau erreicht ist. Man beginne mit Trab, weil die Pferde meistens das Tempo von sich aus beschleunigen, und ende mit Schrittarbeit. Nach einer kurzen Pause, in der man Gelegenheit hat, das Pferd zu loben und die Ausbindezügel für den Handwechsel neu zu verschnallen, wird die Ausbildung auf der anderen Hand fortgesetzt, wobei nunmehr gleich die Überwindung mehrerer Cavalettis verlangt werden kann.

Bei Pferden, die Cavalettis schon kennen, kann man die Vorzüge des schon beschriebenen Aufbaus von Anfang an ausnutzen. Nachdem man die Pferde zur Vorbereitung auf dem Mittelzirkel longiert hat, wird der Longierkreis nach außen verlegt. Darin liegt bereits eine Schwierigkeit. Es muß gleich von vornherein gelingen, das Pferd an die Mitte der Cavalettis heranzuführen, damit es den günstigsten Abstand vorfindet. Wenn das Pferd schon beim ersten Male durch falsches Heranbringen aus dem Tritt gebracht wird, ist das Vertrauen gestört, und der Reiter wird Mühe haben, überhaupt noch ein ruhiges, losgelassenes Treten zu erzielen.

Wie aber wird der Zirkel vergrößert? – Indem man die Longe durchgleiten läßt und die Peitsche in Richtung auf die Schulter des Pferdes bewegt. Zur Unterstützung kann man der Longe noch eine schlängelnde Bewegung geben, die das Pferd nach außen treibt. Das Erweitern des Kreisbogens sollte einige Male auf dem Mittelzirkel geübt werden, bevor man das Pferd gegen die Cavalettis gehen läßt. Erst dann folgt die eigentliche Trabarbeit.

Hierbei ist zu berücksichtigen, daß der innere Hinterfuß einer starken Belastung unterworfen wird. Der Bewegungsablauf des Pferdes muß daher sorgfältig beobachtet werden. Ungleiches Abfußen nach Überwinden des Bodenricks deutet auf Spannung, vielleicht sogar auf Muskelschmerzen hin und gibt Veranlassung, sofort auf den mittleren Zirkel zurückzukehren. Auch ohne Anzeichen der Anstrengung empfehle ich, nach fünf- bis achtmaligem Traben über die Cavalettis wieder den Mittelkreis einzunehmen, um nach einigen Runden erneut nach außen zu gehen. Der ständige Wechsel zwischen dem mittleren Zirkel und dem Überwinden der Bodenricks im Schritt und Trab ist es, der das Pferd geschmeidig macht und die Muskeln schult. Jede Eintönigkeit nimmt dem Pferd außerdem die Freude an der Bewegung, von der die gesamte Reiterei letztlich abhängt.

Selbst wenn beabsichtigt ist, eine einseitig vorhandene Steifheit des Pferdes zu bekämpfen, darf der Handwechsel nicht vergessen werden. Ich habe die Erfahrung gemacht, daß sich Pferde nach einer kurzen Pause mit Handwechsel allgemein viel leichter entspannen, als wenn man ständig die schwierige Seite bearbeitet.

Die Außenbahn der Cavaletti-Zirkel, auf der die Abstände weiter sind, sollte erst benutzt werden, nachdem der Reiter genügend Erfahrung und Geschicklichkeit gesammelt hat. Im Laufe der Zeit wird der Kontakt zwischen Reiter und Pferd bei richtiger Behandlung enger werden. Das Pferd braucht immer weniger Hilfen, und am Ende ist man erstaunt, wie leicht es sich lenken läßt, wenn es Vertrauen hat. Erst dann bereitet die Arbeit echte Freude und ist für die spätere Reiterei ein wertvoller Gewinn.

Zeitlich gesehen sollte für das Longieren über die Bodenricks eine Dauer von insgesamt 20 Minuten nicht überschritten werden, so daß sich die Ausbildungsstunde wie folgt aufgliedert: Fünf bis zehn Minuten Ablaufen ohne Ausbindezügel, 10 bis 15 Minuten ausgebunden ohne Cavalettis und 20 Minuten im Trab und Schritt über Bodenricks. Am Schluß geht das Pferd wieder ohne Ausbindezügel im Schritt, bis es trocken in den Stall zurückgebracht werden kann. Mehr als eine Ausbildungsstunde alle acht bis vierzehn Tage empfehle ich nicht, weil das Reiten über Bodenricks ebenfalls eingeplant werden muß und die Beanspruchung für das Pferd sonst zu groß werden könnte.

Cavalettiarbeit unter dem Reiter

In der Grundausbildung verwenden wir Bodenricks allein oder in Kombination mit Hindernissen. Das hängt von dem jeweiligen Übungsziel der Stunde ab. Für den dressurmäßigen Bereich der Grundausbildung haben sich verschiedene Aufbauformen bewährt, und zwar abgestimmt darauf, ob ich auf geraden oder gebogenen Linien über Cavalettis reiten will.

Für die Arbeit auf geraden Linien ist es am bequemsten, die Cavalettis an der langen Seite innen neben dem Hufschlag aufzustellen. Dann braucht man nicht in jeder Runde darüber zu reiten, und eine Hilfsperson kann ungestört umbauen, während der Reiter auf dem Hufschlag weiterreiten kann. Zur Erleichterung können die Seiten mit Fängen eingefaßt werden, wie dies die Abbildung 75 zeigt.

Cavalettiarbeit im Schritt

Die ersten Reitversuche über Bodenricks sind dem Schritt vorbehalten, weil sich das Pferd in dieser Gangart am sichersten anreiten läßt. Man beginnt mit einem Cavaletti und gebe dem Pferd hierbei zunächst völlige Zügelfreiheit. Die treibenden Hilfen richten sich nach dem Vorwärtsdrang des Pferdes. Das erste Anreiten muß zügig genug erfolgen, notfalls mit Unterstützung der Stimme. Vom zweiten Mal an ziehen die Pferde meistens von selber an und brauchen kaum noch getrieben zu werden. Der Oberkörper des Reiters soll ein wenig nach vorn geneigt sein, damit er bei einem möglichen Sprung des Pferdes nicht im Rücken stört. Bleibt das Pferd ruhig, wird im

Bild 77. Cavalettiarbeit im Schritt mit hingegebenem Zügel. Der 4jährige Hannoveraner Wallach »Volt« von »Vollkorn xx« unter David Pincus. Aufmerksames Schreiten mit gespitzten Ohren in guter Balance.

Abstand von 0,80 bis 1,00 Meter ein zweites Bodenrick aufgestellt, kurz darauf ein drittes, dann ein viertes, bis der vorgesehene Aufbau von höchstens sechs Cavalettis erreicht ist. – Ich habe es oft erlebt, daß die Pferde beim Anblick mehrerer Bodenricks hintereinander unruhig wurden. Sie beruhigten sich aber sofort wieder, wenn ich ein oder zwei Cavalettis wegnehmen ließ. Hier war die Steigerung zu plötzlich gekommen. Nach wenigen Minuten konnten die restlichen Bodenricks erneut aufgestellt werden.

Sind die Pferde an Bodenricks schon gewöhnt, kann ihnen der fertige Aufbau gleich von Anfang an vorgesetzt werden. Bei den ersten Malen bleibt der Zügel nach Möglichkeit hingegeben. Das Pferd soll sich frei und ungehindert ausbalancieren können. Schreitet es gleichmäßig über die einzelnen Ricks, ist der Zwischenabstand richtig; andernfalls muß der Abstand korrigiert werden.

Das gleichmäßige Schreiten über Bodenricks festigt die natürliche Fußfolge des Schritts. Mit hingegebenem Zügel ausgeführt ist das zu Beginn der Reitstunde eine vorzügliche Übung zum Lösen des Pferdes. Darin und zur Beruhigung am Schluß der Stunde während des Trockenreitens sehe ich den größten Wert der Cavalettiarbeit im Schritt für die Grundausbildung.

133

Darüber hinaus können durch richtige Einwirkung des Reiters Raumgriff und Rükkentätigkeit verbessert werden. Dazu stellen wir im Mittelschritt das Pferd an den Zügel und reiten auf die Cavalettis zu. Die Hände werden hierbei möglichst tief genommen. Etwa eine Pferdelänge vor den Ricks geht die Reiterhand in Richtung Pferdemaul etwas vor, damit das Pferd sich auf keinen Fall eingeengt fühlt. Der Oberkörper des Reiters wird zur Entlastung leicht nach vorn geneigt. Richtig ausgeführt schreitet das Pferd dann mit tiefer Nase und losgelassener Rückenmuskulatur über die Stangen.

Es gelingt natürlich nicht immer, auf Anhieb eine weiche Anlehnung an das Gebiß herzustellen. Manche Pferde versteifen den Hals, halten sich im Rücken fest und wehren sich gegen den Zügel. In diesen und ähnlichen Fällen hat sich folgende Korrektur bewährt: Man lege vor den Cavalettis eine Volte oder eine Acht an und versuche, das Pferd in der Wendung durch geschickte Hilfengebung und Übertretenlassen zum Nachgeben zu bringen. Aus der Wendung reite man sodann gerade gegen die Cavalettis und lasse die Zügel kurz vor oder über den Ricks aus der Hand kauen. Meistens streckt sich das Pferd dann erleichtert nach vorn, senkt den Kopf, um zu schauen, wohin es tritt, und entspannt dadurch die wichtigsten Rückenmuskeln. Jede gute Ausführung sollte durch leichtes Anklopfen mit der inneren Hand an den Hals gelobt werden. Anschließend wird die Übung einige Male wiederholt, bis der erstrebte Erfolg erreicht ist.

Die wichtigsten Punkte, die der Reiter zu beachten hat, sind folgende:
1. Geradeausreiten
2. Vorwärtsreiten
3. Tiefe Halseinstellung mit leichter Zügelanlehnung und tiefen Händen.
4. Eingehen mit dem Oberkörper in die Bewegung des Pferdes.

Schiefes Hereintreten und mangelndes Geradeausreiten über den Cavalettis bringen die Pferde aus dem Takt, weil der Zwischenabstand auf der schrägen Linie zwangsläufig größer wird. Bummeliges Anreiten verführt zum Unterlaufen und erzieht die Pferde nicht zum zügigen Abfußen. Plötzliches Nachgeben der Zügel vor den Cavalettis erschreckt das Pferd und verhindert ein williges Durchstrecken. Das Gegenstück ist die hohe, starre Zügelfaust, verbunden mit starkem Einsitzen des Oberkörpers, wodurch der Rücken des Pferdes gestört wird. Ich empfehle, zum Treiben vor den Bodenricks den Oberkörper nicht zurückzunehmen, weil es dann meistens nicht mehr gelingt, sich über dem Rick rechtzeitig wieder zu entlasten. Als treibende Hilfen sind daher Stimme und Unterschenkel zu bevorzugen. Falls eine Gerte mitgeführt wird, ist sie an der Schulter des Pferdes einzusetzen, denn die Peitschenhilfe hinter dem Schenkel oder sogar an der Kruppe bringt den Sitz ebenfalls leicht nach rückwärts.

Durch richtigen Einsatz von Bodenricks kann auch der Raumgriff des Schritts dadurch gefördert werden, daß die Cavalettis nach und nach weiter auseinandergezogen werden. Diese Übung gehört in den Arbeitsteil der Stunde; denn solange das Pferd noch nicht gelöst ist, blockieren seine Rückenmuskeln die volle Entfaltung der Bewegung. Das Erweitern der Zwischenabstände erfolgt je nach Größe des Pferdes von ca. 0,80 auf 1,00 bis 1,10 Meter. Sobald das Pferd anfängt, Zwischenschritte einzulegen, dürfte die Grenze überschritten sein. Ausnahmsweise können diese Zwischenschritte auch auf Nachlässigkeit des Pferdes zurückzuführen sein. Das muß der Reiter spüren und dann beim nächsten Mal verstärkt treiben. Wir lassen die Zügel spätestens über dem ersten Rick aus der Hand kauen, um dem Pferd die volle Entwicklung seiner Bewegung zu ermöglichen. Wegen der Belastung für die Muskeln, Sehnen und Bänder sollte die Übung »starker Schritt über Cavalettis« nicht mehr als zehn- bis fünfzehnmal ausgeführt werden.

Cavalettiarbeit im Trab

Wer mit Schrittreiten über Bodenricks begonnen hat, ist so weit vorbereitet, daß er im Trab sofort über mehrere Cavalettis nach dem eingangs beschriebenen Aufbau reiten kann. Wer dagegen mit Trab beginnt, sollte die Anforderungen zunächst von einem Rick bis auf vier Cavalettis steigern. Der Zwischenabstand beträgt nunmehr

Bild 78. Cavalettiarbeit im Leichttraben. Der 4jährige Hannoveraner Wallach »Volt« von »Vollkorn xx« unter David Pincus. Sorgfältiges Abfußen in guter Halseinstellung bei weicher Anlehnung.

1,30 bis 1,50 Meter. Die niedrigste Höhe von 15 bis 20 Zentimetern wird beibehalten.

Als lösende Übung hat sich das Leichttraben im Arbeitstrab über Cavalettis mit lang und tief eingestelltem Hals bewährt. Sie dient vor allem der Lockerung und Stärkung der Rückenmuskulatur. Es ist jedoch nicht mit allen Pferden einfach, mit tiefer Halseinstellung über Cavalettis zu traben. Das liegt daran, daß es Pferde ohne Mängel kaum gibt und bei jedem vom Gebäude oder Temperament her bedingte Schwächen bzw. Schwierigkeiten durch reiterliche Ausbildung ausgeglichen werden müssen. Eine typische Erscheinung ist das Schnellerwerden vor den Cavalettis. Bei faulen Pferden kennen wir dieses Problem kaum. Die meisten Pferde werden jedoch beim Anblick der Bodenricks schneller und möchten am liebsten angaloppieren. Hier muß der Reiter sich bemühen, durch halbe Paraden das Arbeitstempo beizubehalten und durch Annehmen und Nachgeben der Zügel zu verhindern, daß sich das Pferd vorher zu sehr heraushebt oder auf das Gebiß legt. Denn mit hoher Nase versteift sich das Pferd über den Bodenricks nur noch mehr, verliert die Balance und kann sich durch Stolpern und Ausrutschen verletzen. Gelingt die Beruhigung nach kurzer Zeit nicht, müssen die Anforderungen wieder auf ein Cavaletti zurückgeführt werden.

Ein leichtes Herausheben hingegen ist, namentlich bei empfindlichen Pferden, durchweg unschädlich.

Es gibt eine Anzahl von Pferden, die ihren Kopf vor Hindernissen und Cavalettis nur deshalb aufrichten wollen, um genau zu sehen, was vor ihnen liegt. Im Sprung und über den Cavalettis nehmen sie die Nase von selbst wieder herunter und wölben den Rücken auf. Hier wäre es völlig verfehlt, wenn der Reiter sein Pferd zwingen wollte, den Kopf vor den Bodenricks nicht anzuheben. Er würde lediglich Widerstand herausfordern und bald das Vertrauen des Pferdes verloren haben.

Anders wiederum kann es bei Pferden mit Hals- und Ganaschenschwierigkeiten, mit empfindlichem Rücken oder Mißtrauen gegen das Gebiß sein. Diese Pferde lassen sich schon ohne Cavalettis nur mit viel Geschick an den Zügel stellen. Sie sollten zuerst auf dem Zirkel, in Volten und Schlangenlinien zum Nachgeben veranlaßt werden. Erst wenn es gelungen ist, ihnen den Weg in die Tiefe zu zeigen und das Tempo zu regulieren, können sie über Cavalettis getrabt werden. Oft beruhigt auch ein mehrmaliges Anreiten und Wiederabwenden, das Anlegen einer Volte vor den Bodenricks, Durchparieren und Abwenden oder Anhalten und Rückwärtsrichten vor dem ersten Rick. In diesen Situationen, die nur andeutungsweise aufgezählt werden können, weil jedes Pferd verschieden ist, sollte der Reiter sich selbst beweisen, daß er Geduld und gute Nerven hat. Ist der Kontakt zum Pferd erst einmal hergestellt und hat man es ein- bis zweimal geschickt herangebracht, ist der Erfolg nur noch eine Frage der Zeit. Der Reiter wird bald erstaunt sein, wie dankbar sein Pferd ihn belohnt. Nach einigen Ausbildungsstunden wird sich das Pferd schon normal anreiten lassen und nur noch wenig Aufregung zeigen. Die lösende Wirkung der Cavalettis wird jetzt die Schwierigkeiten um so schneller beseitigen helfen. Erregt sich das Pferd zu einem späteren Zeitpunkt erneut, deutet dies regelmäßig darauf hin, daß der Reiter seine Sorgfalt vernachlässigt hat. Vielleicht hat das Pferd auch Schmerzen und fühlt sich überfordert. Dann ist die Arbeit sofort abzubrechen.

Die Aufgaben, die der Reiter beim Traben über Cavalettis zu beachten hat, sind also grundsätzlich:

1. Geradeausreiten
2. Ruhiges, aber kein bummeliges Tempo
3. Tiefe Halseinstellung mit leichter Anlehnung am langen Zügel und tiefer Hand
4. Eingehen mit dem Oberkörper in die Bewegung des Pferdes, möglichst im Leichttraben.

Zu bemerken ist noch, daß trotz des ruhigen Tempos Wert darauf gelegt werden muß, daß die Pferde nicht unterlaufen, sondern zügig und rechtzeitig abfußen. Die Zügel sollten eher zu lang als zu kurz sein, damit sich das Pferd auf keinen Fall eingezwängt fühlt. Jedes Pressen in eine bestimmte Haltung schafft Unruhe und Widersetzlichkeit. Häufiges Loben durch Anklopfen an den Pferdehals macht die Pferde zufrieden und willig.

Ähnlich wie in der Schrittarbeit können wir die Cavalettis auch im Trab als Hilfsmittel für die Verbesserung des Raumgriffs der Bewegung einsetzen. Hierzu werden die Cavalettis allmählich von 1,30 auf 1,50 Meter auseinandergezogen. Der Reiter trabt

Bild 79. Zulegen über Cavalettis zum »Tritte verlängern«.

leicht und behält eine weiche Verbindung zum Pferdemaul. Einige Pferdelängen vor den Ricks beschleunigt er das Tempo zum »Tritte verlängern«.

Es ist wichtig, daß die Beschleunigung zu den Cavalettis hin stetig zunimmt, weil dadurch die größte Streckung erreicht werden kann. Ist das Tempo von Anfang an zu frei, besteht die Gefahr des Übereilens. Das Pferd verkrampft sich, galoppiert an oder verliert seinen Rhythmus durch plötzliches Verkürzen und wieder Zulegen vor dem ersten Rick.

Die Übung »Tritte verlängern« über Cavalettis erfordert also eine genaue Einteilung des Tempos. Der Reiter erwirbt ein Gefühl für die Trittlänge seines Pferdes, spürt, wann es paßt, und schult auf die Dauer den Blick für die richtige Distanz. Insofern ist diese Lektion auch zugleich eine gute und sichere Hilfe für Spring- und Geländereiter.

Eine Übung zur Schulung der Aufmerksamkeit des Pferdes ist das Traben über Cavalettis mit Zwischentritt. Man nimmt dazu ein Bodenrick aus der Reihe heraus, so daß eine Leerstelle entsteht und die Pferde einmal einen Tritt ohne Cavaletti machen müssen. Dadurch wird ihre Aufmerksamkeit erhöht. Die Pferde lernen taxieren und werden zum sicheren Gehen auch auf unebenem Gelände angeleitet.

Bild 80. Cavaletti-Aufbau für Trab mit Zwischentritt.

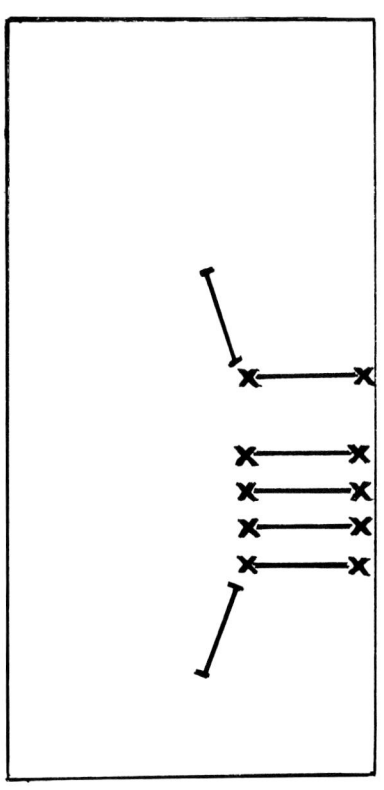

Der Abstand entspricht mit 1,30 Meter dem gewöhnlichen Arbeitstempo. – Aufgabe des Reiters ist es, nunmehr durch genügendes Treiben ein gleichmäßiges Traben über die Ricks zu erzielen. Der Zwischentritt in der Mitte darf nicht kürzer werden; sonst verliert das Pferd seinen Rhythmus und kommt ins Stolpern. – Ein zusätzliches Verstellen auf die zweite Aufbauhöhe von 35 Zentimetern empfehle ich nicht, weil die Pferde dann zu leicht mißtrauisch würden und vielleicht sogar den Eindruck gewinnen könnten, man habe ihnen eine Falle vorgesetzt, um sie zum Anstoßen zu verleiten. Springpferde sind in dieser Hinsicht besonders empfindlich, vor allem, wenn sie beim Abspringen vor dem Parcours schon öfters über unpassende Distanzen und Sprünge zur Vorsicht gemahnt worden sind.

138

Zeitlich gesehen gehört diese Arbeit in den Mittelteil der Ausbildungsstunde. Sie kann mit Traben über Cavalettis auf gebogenen Linien kombiniert werden. Für den Aufbau habe ich die besten Erfahrungen damit gemacht, daß ich zusätzlich drei Cavalettis auf einen Zirkel gestellt habe. Dadurch kann man sowohl den Zirkel als auch die Gerade benützen. Es gibt natürlich auch zahlreiche andere Aufbaumöglichkeiten, auf die ich in meinem Cavalettibuch näher eingegangen bin. Insoweit sind der Phantasie kaum Grenzen gesetzt, und es ist weitgehend eine Angelegenheit des persönlichen Ermessens des Ausbilders, für welchen Aufbau er sich bei der Verfolgung seiner Ausbildungsziele entscheidet.

Wir müssen uns darüber klar sein, daß das Reiten über Cavalettis auf gebogenen Linien hohe Anforderungen an den Körper des Pferdes stellt. Da insbesondere der innere Hinterfuß sehr stark belastet wird, kann jede falsche und vor allem zu lange Anwendung Gesundheitsschäden verursachen. Der Reiter sollte daher vorab stets prüfen, ob der Ausbildungsstand des Pferdes ein Reiten über Cavalettis auf gebogenen Linien schon zuläßt. Das ist sicher nicht eher der Fall, bevor das Pferd auf geraden Linien willig und sicher über Bodenricks traben gelernt hat. Erst dann kann er auf die Zirkellinie gehen, wobei er darauf achten muß, genau die Mitte der Bodenricks anzureiten. Die Übung »Kreisbogen vergrößern« verlangt vom Pferd neben Gehorsam eine Vergrößerung des Raumgriffs bei vermehrtem Abfußen des inneren Hinterfußes. Hier ist fast die Grenze zwischen muskelbildendem Training und durch Überlastung bedingtem Verschleiß erreicht. Deshalb darf das Vergrößern des Zirkels lediglich einige Male auf jeder Hand geritten werden.

Cavalettiarbeit im Galopp

Das Reiten über Bodenricks im Galopp ist nichts anderes als Springen über niedrige Hindernisse, die in bestimmten Abständen hintereinander aufgestellt sind. Der Sprung über ein Hindernis ist ein verlängerter und erhöhter Galoppsprung.

Es versteht sich daher von selbst, daß der Einsatz von Bodenricks im Galopp in erster Linie dem Spring- und Geländereiten zugute kommt. Darauf ist schon beim Aufbau der Cavalettis Rücksicht zu nehmen. Nach meinen Erfahrungen hat sich die Höhe von 50 Zentimetern am besten bewährt. – Die beiden unteren Höhen werden von

Bild 81. Cavaletti-Aufbau für Galopp.

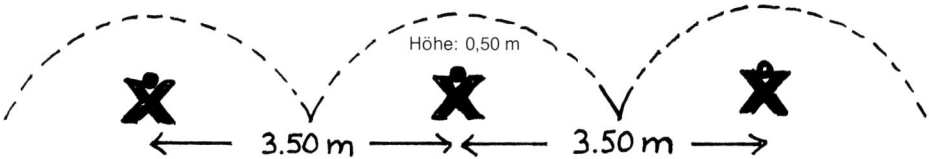

Höhe: 0,50 m

← 3.50 m → ← 3.50 m →

den Pferden in der Regel nicht ernst genommen. Der Galoppsprung bleibt flach und geht nach vorwärts. Die Pferde werden nur schneller und heftiger, anstatt ruhiger und aufmerksamer, so daß ein echter Ausbildungserfolg kaum erreicht wird. Dagegen müssen die Pferde bei einer Höhe von 50 Zentimetern schon richtig abspringen. Deshalb genügt es, wenn lediglich drei Cavalettis benützt werden. Der Abstand beträgt etwa 3,50 Meter. Er richtet sich im übrigen nach der Größe und Mechanik des einzelnen Pferdes.

Der Ausbildungswert der Arbeit mit Cavalettis im Galopp ist für Dressurpferde zu gering, als daß sich die Mühe lohnen würde. Vom Ausgangspunkt her gesehen, daß nämlich der Sprung über ein Rick lediglich ein verlängerter und erhöhter Galoppsprung ist, könnte man meinen, das Reiten über Bodenricks im Galopp sei ein gutes Mittel zur Förderung des Galoppsprungs. Diese Vorstellung ist jedoch irrig. Im Dressurgalopp soll die Vorhand des Pferdes vorwärts aufwärts und die Hinterhand bei gesenkter Kruppe fleißig unterspringen. Beim Springen über Bodenricks wird die Hinterhand aber ebenfalls hochgeschleudert. Die Galoppbewegung ist also anders, als sie der Dressurreiter im Auge hat. Für die Ausbildung des Galopps kann der Dressurreiter daher auf Bodenricks verzichten. Im übrigen genügt für diesen Zweig der Reiterei die Arbeit mit Cavalettis im Trab und Schritt.

Für die Ausbildung des Spring- und Geländepferdes setzt die Cavalettiarbeit im Galopp an Kraft, Geschicklichkeit und Vertrauen so viel voraus, daß logischerweise vorrangig zunächst das Überwinden einzelner Cavalettis und kleiner Hindernisse geübt werden sollte. Darauf wird im folgenden Kapitel über das Springen näher einzugehen sein. Mehrere Cavalettis im Galopp fördern das sogenannte In-Out-Springen.

Springen

Schon das allererste Springtraining baut auf einer gymnastischen Grundausbildung des Pferdes auf. Es leuchtet selbst dem Laien ein, daß ein unentwegtes Wiederholen von Sprüngen eintönig ist und die Springtechnik kaum nennenswert verbessern kann, weil dies dann zu sehr dem Zufall überlassen ist. Es gibt Kritiker, die behaupten, das Pferd sei von Natur aus feige und würde freiwillig in der Natur kein Hindernis springen. Ich teile diesen Standpunkt nicht und bin der Auffassung, daß es – ähnlich wie in den übrigen Disziplinen der Reiterei – talentierte und untalentierte Pferde gibt. Mit Gewaltanwendung läßt sich kein Pferd zum Springpferd ausbilden. Man mag zwar mit Grobheit in einem bestimmten Augenblick Erfolg haben, dauerhaft aber mit Sicherheit nicht; das hat die Erfahrung gezeigt.

Ein Springpferd kann nur durch systematisches Training zum Erfolg geführt werden. Dazu schafft die Grundausbildung die Voraussetzungen. Ihre erste Aufgabe besteht darin, die Springfreude des Pferdes zu erzeugen und zu erhalten. Wir müssen also dem jungen Pferd zunächst verständlich machen, daß es Hindernisse weder zu fürchten noch als unüberwindlich zu betrachten braucht. Ist das erreicht, beschäftigen wir uns mit der Förderung der Geschicklichkeit und der Erlangung des richtigen Bewegungsablaufs beim Springen, den wir in der Fachsprache mit Springmanier bezeichnen. Ein zur Springfreude erzogenes Pferd, welches vertrauensvoll im richtigen Bewegungsablauf einen Springparcours der Kl. A springt, ist für eine Spezialausbildung als Springpferd bestens vorbereitet. Leider wird auf die Grundausbildung häufig zu wenig Sorgfalt verwandt.

Freispringen

Das Springen an der Hand, auch Freispringen genannt, gehört in den Bereich der Grundausbildung des jungen Pferdes. Der reine Ausbildungswert für das Springen selbst mag gering sein. Zum Lösen des Pferdes und zur Beobachtung seiner natürlichen Springveranlagung gibt es indessen wichtige Aufschlüsse. Deshalb werden auf den Elite-Reitpferdeauktionen die Pferde regelmäßig an der Hand vorgesprungen. In den führenden Ausbildungsstätten des Bundesgebiets wird Freispringen meistens einmal in der Woche durchgeführt. Selbst Dressurställe machen hiervon Gebrauch. Bei Otto Lörke, dem wohl erfolgreichsten Dressurpferdeausbilder der Vor- und Nachkriegszeit, habe ich während seiner Ausbildungtätigkeit im Gestüt Vornholz in Ostenfelde gesehen, daß er seine Dressurpferde an der Hand springen ließ. Dies geschah einmal in der Woche.

Der Aufbau für Freispringen ist nebenstehend abgebildet. Es werden an der langen Seite im Abstand von 10,50 Meter zwei möglichst einladend gebaute Hindernisse aufgestellt. Die Innenbahn wird mit Fängen abgesperrt. Am Ende der langen Seite steht ein Pfleger mit einer Haferschwinge, begleitet von einer weiteren Hilfsperson, die das Pferd einfängt. Zum Anführen wird das Pferd von außen im Schritt in die Schleuse gegen das erste Hindernis geführt. An beiden Hindernissen steht je ein Ausbilder mit einer Peitsche, um einzugreifen, wenn das Pferd stockend springt.

Bild 82. Aufbau für Freispringen.

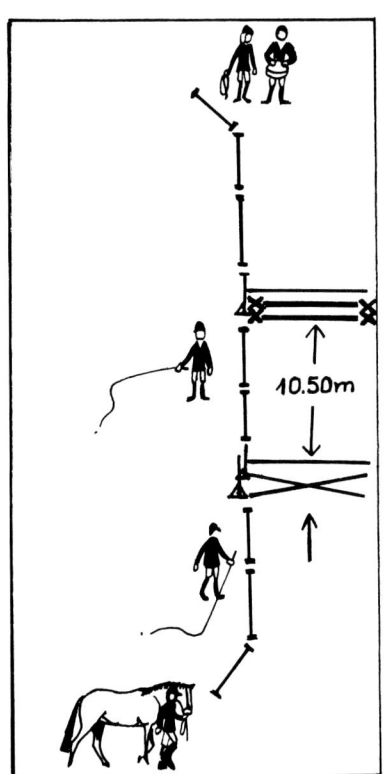

Das junge Pferd soll beim Freispringen vor allem mit Freude springen und etwaige Hemmungen verlieren, sich fliegen zu lassen. Dazu ist viel Einfühlungsvermögen der Ausbilder erforderlich. Beim ersten Mal beobachten wir häufig, daß die Pferde aus Unkenntnis zögernd an das Hindernis herangehen und getrieben werden müssen. Das ist nur ein Zeichen von Vorsicht. Beim zweiten Male müssen die Ausbilder mit der Peitsche besonders sorgfältig hinschauen, ob das Pferd von selber anzieht oder getrieben werden muß. Die meisten Fehler werden durch forciertes Antreiben gemacht. Peitschenknallen und lautes Rufen sind Gift für die Nerven junger Pferde. Die Hilfspersonen beim Freispringen müssen Ruhe ausstrahlen und dem Pferd das nötige Vertrauen geben. Sonst wird mit Freispringen nur Schaden angerichtet. Das Geheimnis des Erfolges beim Springen an der Hand liegt darin, die Pferde selbständig arbeiten zu lassen. Dann lernen sie, sich selbst aufzunehmen und die Galoppsprünge vor und zwischen den Hindernissen einzuteilen.

Bild 83. Freispringen während der Vorbereitung auf eine Reitpferdeauktion; ein mächtiger Hochweitsprung in vorbildlicher Manier.

Die Hindernisse sollen einladend gebaut sein und das Pferd dazu anregen, sich fliegen zu lassen. Als ersten Sprung empfehle ich ein Cavaletti auf der höchsten Höhe von 50 Zentimetern mit einer Stange als Absprungerleichterung davor und als zweites Hindernis einen Hochweitsprung, der nach und nach vorsichtig verbreitert und erhöht werden kann. In der Regel läßt man das Pferd drei- bis viermal über die Hindernisse gehen und versucht, mit einer guten Leistung aufzuhören. Mißlingt dies, läßt man das Pferd als Abschluß noch einmal über eine ermäßigte Höhe springen, damit es zufrieden in den Stall zurückkehrt.

Man kann das Freispringen auch an der Longe üben. Ich selbst habe dies nur wenig erprobt. Ich ziehe das Freispringen in der Bahn vor, weil dies den Pferden am wenigsten Zwang auferlegt. Beim Springen an der Longe muß ich dauernd darauf achten, daß sich die Longe nicht an einem Hindernis- oder Begrenzungsteil verfängt. Außerdem kommt Springen an der Longe dem Pferd deshalb nicht so entgegen, weil das Pferd über dem Sprung normalerweise den Galopp wechselt, also im Außengalopp landet, was auf dem Zirkel unbequem ist. Ich will nicht verkennen, daß man auf den Abreiteplätzen von Reitturnieren häufig Reiter beobachten kann, die ihre Pferde nach dem Ablongieren an der Longe auch springen lassen. Das sind aber bereits erfahrene Pferde. Für die Grundausbildung gebe ich dem Freispringen in der Bahn den Vorzug.

Springen unter dem Reiter

Durch Cavalettiarbeit und Freispringen wird das Reiten über Hindernisse vorbereitet. Als weitere Übung hat sich das Traben über einige auf dem Reitplatz verteilte Stangen und Hindernisteile bewährt. Auf diese Art und Weise gewöhnt sich das Pferd an farbige Gegenstände und verliert weitere Scheu. Ich habe die Erfahrung gemacht, daß ein so vielseitig angerittenes Pferd auch auf dem Dressurviereck gelassener geht und nicht vor jedem Kegel und Richtertisch gleich scheut.

Springen über einzelne Hindernisse

Sobald das junge Pferd gelernt hat, sich unter dem Reiter taktmäßig und losgelassen zu bewegen, ohne Scheu über Cavalettis und Miniaturhindernisse zu traben, können wir uns dem nächsten Ausbildungsziel widmen, welches darin besteht, den richtigen

Bild 84. Springen aus dem Trab über einzelne Hindernisse schult den richtigen Bewegungsablauf beim Springen. Erdmuthe Rosner auf dem 7jährigen Oldenburger Hengst »Feuerball« von »Furioso«.

Anreiten im Arbeitstrab. Der Hals des Pferdes wird vorgelassen; die Reiterin verlegt ihren Schwerpunkt nach vorn und geht mit.

Bewegungsablauf beim Springen zu üben. Die Hindernisse werden auf 50 bis 80 Zentimeter erhöht und mit Fängen versehen, damit ein Ausbrechen verhindert wird. Der Reiter reitet aus dem Trab an, faßt in den Halsriemen und läßt die Zügel durch die geöffneten Fäuste gleiten. Die meisten Pferde beschleunigen zum Hindernis von selbst. Der Reiter sollte sein Pferd wenig beeinflussen und sich ganz darauf konzentrieren, über dem Sprung weich mitzugehen. Er darf keinesfalls hinter die Bewegung kommen und womöglich am Zügel ziehen. Die dem Pferd auf diese Weise zugefügten Schmerzen können jungen Pferden für lange Zeit die Freude am Springen verleiden. Nach dem Landen sollte unbedingt so lange geradeaus geritten werden, bis das Pferd unter dem beruhigenden Einfluß der Stimme von selbst wieder in den Trab fällt.

Wir bemühen uns, das Pferd aus dem Trab springen zu lassen, weil es im Trab den Absprung leichter findet als im Galopp. Wenn das Pferd aber einige Pferdelängen vor dem Hindernis anzieht und – ohne heftig zu werden – in den Galopp übergeht, halten wir es nicht zurück. Vor dem Hindernis soll der Reiter das Tempo nicht mit Gewalt verkürzen. Er soll lieber den Anlauf kürzer wählen, möglichst aus einer Wendung heraus. Ferner hilft es, wenn er nicht mehrmals hintereinander ein und dasselbe Hindernis anreitet, sondern jeweils verschiedene Hindernisse aussucht. Mehr als vier bis sechs Sprünge aus dem Trab etwa zweimal in der Woche sollten der Remonte in diesem Stadium der Grundausbildung allerdings nicht abverlangt werden.

Gut aufgewölbter Rücken über dem Sprung bei etwas fester Anlehnung.

Beim Einüben des richtigen Bewegungsablaufes über einzelne Sprünge treten erfahrungsgemäß bestimmte Schwierigkeiten auf, auf die der Reiter vorbereitet sein muß. Wie verhalte ich mich, wenn mein Pferd vor dem Hindernis seitlich ausbricht? Die meisten Pferde brechen nach links aus, weil ihnen die Wendung nach links von Natur aus leichter fällt. Zeigt das junge Pferd die Absicht auszubrechen, so kann dem am besten begegnet werden, indem man ein Führpferd vorausgehen läßt. Um das Ausbrechen zu erschweren, gibt der Reiter sofort den Zügel auf der Seite, nach der es ausbrechen will, deutlich nach. Die entgegengesetzte Hand bleibt stehen oder geht zur annehmenden Zügelhilfe über. Die treibenden Schenkelhilfen wirken weiter. Sollte das Pferd dennoch vorbeilaufen, wird es sofort zum Halt durchpariert. In der dem Ausbruch entgegengesetzten Richtung wendet man auf der Vorhand, reitet zurück in die Ausgangsstellung und wiederholt diese Vorhandwendung zum erneuten Anritt auf das Hindernis. Das zweite Anreiten erfolgt von vorneherein mit Anlehnung an den dem Ausbruch entgegengesetzten Zügel und nachgebendem zweitem Zügel. Wiederholt sich das Ausbrechen häufig, ist dies oft ein Zeichen dafür, daß die natürliche Schiefe des Pferdes noch nicht beseitigt ist. Das Augenmerk des Ausbilders ist dann vermehrt darauf zu richten, das Pferd durch die dafür vorgesehenen Übungen geradezurichten, bevor das Springtraining fortgesetzt wird.

Wie verhalte ich mich, wenn mein Pferd heftig wird? Das ist an sich eine ganz natürliche Reaktion. Wenn das Pferd durch Treten über Miniaturhindernisse die Scheu vor bunten Gegenständen verloren hat, das Hindernis also annimmt, wird es im Anfang versuchen, möglichst rasch darüber hinwegzuspringen. Das gilt besonders für hoch im Blut stehende Pferde. Ich beruhige sie, indem ich das Hindernis möglichst oft von beiden Händen umreite und so von der eigentlichen Aufgabe ablenke. Behutsame Cavalettiarbeit und Gymnastikspringen, das im folgenden Kapitel näher zu erläutern sein wird, helfen uns hier über die Schwierigkeiten hinweg, wozu allerdings auch die notwendige Geduld gehört.

Wie verhalte ich mich, wenn mein Pferd das Hindernis nicht anzieht? Nicht bei allen Pferden ist die Gehlust gleichmäßig ausgeprägt. Gerade bei Wallachen kennen wir im Stadium der Entwicklung vom dritten zum vierten Lebensjahr den mangelnden Vorwärtsdrang. Hier empfiehlt sich das Reiten im Gelände in Begleitung mit anderen Pferden. Oft werden die Pferde erst dadurch richtig aufgeweckt.

Gelegentliches Verweigern muß im Anfangsstadium der Grundausbildung für Springen nicht unbedingt auf Faulheit schließen lassen. Wir müssen uns manchmal auch fragen, ob das Pferd die neue Aufgabe bereits versteht. Wenn ein Führpferd zur Verfügung steht, sollte dieses die Remonte ein paarmal vorausgaloppierend »hinüberziehen«. Auf jeden Fall ist übermäßiges Treiben nur in Ausnahmesituationen angebracht. Das Pferd soll lernen, selbständig zu arbeiten und dadurch die richtige Springmanier zu finden.

Gymnastikspringen

Wenn durch die weitere Ausbildung eine Verbindung zum Pferdemaul sowie der Gehorsam auf treibende und verhaltende Hilfen erzielt worden sind, können Geschmeidigkeit und Springmanier durch Gymnastikspringen weiter geschult werden. Unter Gymnastikspringen verstehen wir die Kombination von Cavalettis mit Hindernissen. Der Grundaufbau ist nebenstehend abgebildet. Im Abstand von etwa 5,50 m wird hinter einem 50 cm hohen Rick ein Hindernis aufgebaut, dessen Anfangshöhe ca. 80 bis 100 cm betragen sollte. Die Übung wird ausgeführt, indem der Reiter im Trab gegen das Cavaletti reitet, das Pferd den ersten Galoppsprung über dieses Rick machen läßt und dann im Galopp das folgende Hindernis springt.

Auf diesen Bewegungsablauf ist der Aufbau ausgerichtet. Das Anreiten erfolgt im Trab, um das Pferd in aller Ruhe an die Aufgabe heranzuführen. Die Höhe des Ricks ist bewußt mit 50 cm gewählt, damit das Pferd auch abspringt und nicht etwa über das Cavaletti trabt; denn nur wenn das Pferd springt und weitergaloppiert, kommt es passend an das Hindernis heran. Würde der Reiter schon gegen das Bodenrick im Galopp anreiten, müßte der Abstand entweder 3,50 m oder 7 m betragen, weil man für jeden Galoppsprung bekanntlich 3,50 m rechnet. Das Hindernis selbst sollte im

Bild 85. Grundaufbau für Gymnastikspringen. Abstand
für Steilsprung 5 m; Abstand für Hochweitsprung 5,50 m.

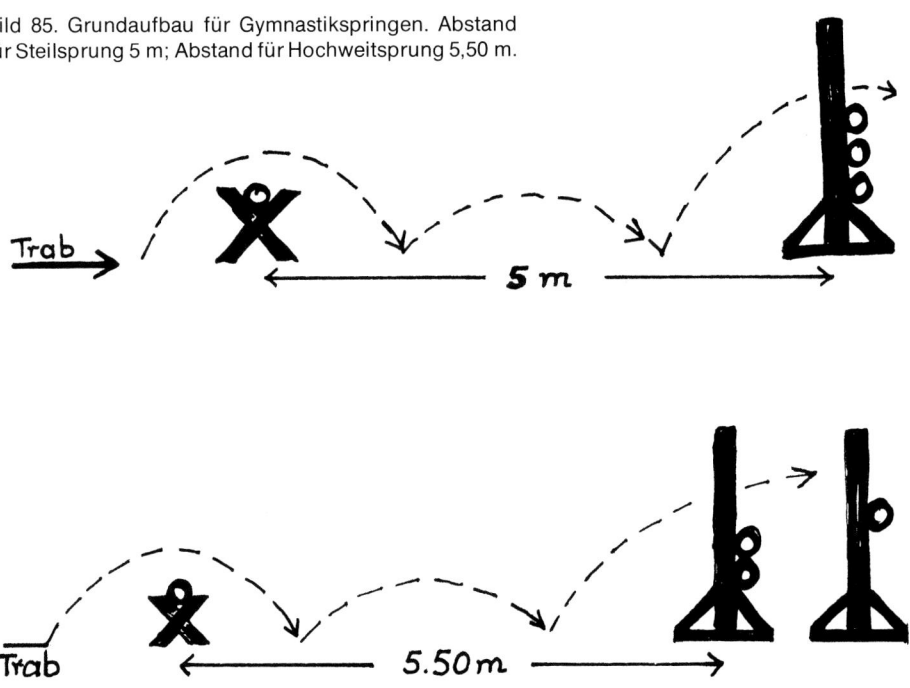

147

Anfang möglichst einladend gebaut werden. Ein schräger Hochweitsprung dürfte sich am besten eignen.

Die Ausmaße des Hindernisses werden entsprechend dem Übungsziel der Stunde jeweils verändert. Für den Steilsprung empfehle ich, den Abstand etwa bis auf 5 m zu verkürzen. Für den Oxer oder einen Hochweitsprung sollte der Abstand bis auf 6 m erweitert werden.

Das Pferd erlangt durch Gymnastikspringen in erster Linie Vertrauen zum eigenen Springvermögen. Über Einzelsprünge ist es darauf angewiesen, vom Reiter richtig an das Hindernis herangebracht zu werden. Gelingt dies einige Male nicht, wird es – namentlich bei höheren Sprüngen – meistens unsicher. Diese Unsicherheit ist durch Gymnastikspringen weitgehend ausgeschaltet. Hier braucht der Reiter lediglich zu verhindern, daß das Pferd bereits vor dem Bodenrick angaloppiert.

Trotzdem gibt es hier einige typische Fehler, die zu vermeiden sind. Der schwerste Fehler ist das Angaloppieren vor dem Bodenrick, weil der Abstand eben auf Trab ausgerichtet ist. Das Pferd muß sicher an den Hilfen des Reiters stehen und sich willig im Trab anreiten lassen. Zur Vorbereitung ist daher ein gründliches Abreiten erforderlich. Heftige Pferde benötigen eine längere Vorbereitungszeit, ehe die Übung beginnen kann. Sie werden am besten aus einer Volte in zwei bis drei Pferdelängen Entfernung gegen das Rick gewendet. Der Reiter trabt leicht und wählt als Tempo den Arbeitstrab. – Im Aussitzen würde die Gefahr bestehen, daß der Reiter beim

Bild 86. Gymnastikspringen mit einem Cavaletti und einem Hindernis. Erdmuthe Rosner auf dem 7jährigen Oldenburger Hengst »Feuerball« von »Furioso«.

Einsprung aus dem Trabe eines aufmerksamen Pferdes in guter Manier.

Beim Aussprung über das Hindernis bleibt die Anlehnung etwas fest; die Hände der Reiterin müßten mehr in Richtung Pferdemaul vorgehen.

Sprung über das Cavaletti hinter die Bewegung gerät und dann auch den Absprung über das Hindernis nicht mehr richtig mitbekommt. Im übrigen sollte das Anreiten so frisch erfolgen, daß der Reiter zwischen dem Bodenrick und dem Hindernis nicht zu stark treiben muß; denn dann bestünde erneut die Gefahr, beim Absprung hinter die Bewegung des Pferdes zu kommen. Der richtige Springsitz ist also auch hier entscheidend.

Nach zwei- bis dreimaliger guter Ausführung kann das Hindernis erhöht und verbreitert werden. Das Verbreitern erfolgt durch Abziehen der hinteren Stange, damit der Abstand zum Cavaletti erhalten bleibt.

Für jede Ausbildungsstunde ist ein bestimmtes Ziel anzustreben, sei es, daß man Steilsprünge übt oder Hochweitsprünge oder Oxer mit gleich hohen Abmessungen an beiden Seiten. Manche Pferde neigen zum Unterlaufen und müssen daher im Hochweitspringen geschult werden. Andere hingegen neigen zum frühen Abspringen und haben Schwierigkeiten, sich aufzunehmen. Für sie dürften enge Abstände richtig sein. – Wer das Springvermögen seines Pferdes erproben will, kann bedenkenlos das Gymnastikspringen verwenden, weil dort das Anreiten am leichtesten ist. Insgesamt sollten jedoch nicht mehr als zehn bis fünfzehn Übungen verlangt werden, damit die Pferde vor Überanstrengung bewahrt bleiben. Als Abschlußübung halte ich es für richtig, das Cavaletti zu entfernen und zwei- bis dreimal über das Einzelhindernis zu springen. Das Ergebnis soll zeigen, was Reiter und Pferd durch die vorangegangene Arbeit hinzugelernt haben.

Der Aufbau mit einem Cavaletti und einem Hindernis kann für die weitere Springausbildung auf verschiedene Weise verändert werden. Zum Training von Doppelsprüngen und dreifachen Kombinationen braucht man nur zusätzliche Sprünge in dem entsprechenden Galoppabstand hinter das Hindernis zu stellen, also im 7 m, 10,50 m, 14 m Abstand usw. Dadurch gewöhnen wir das junge Pferd an das Springen von Kombinationen, ohne es unnötig aufzuregen.

Gymnastikspringen in Kombination mit mehreren Cavalettis

Für Pferde, die heftig sind und versuchen, schon vor dem Bodenrick anzugaloppieren, hat sich die Form des Gymnastikspringens mit der Aufstellung mehrerer Bodenricks vor dem Hindernis bewährt. Den Aufbau zeigt die Abbildung 87.

Man setzt etwa vier Cavalettis in der niedrigsten Höhe von 15 bis 20 cm für Trab hintereinander und läßt im Abstand von etwa 4 m hinter dem letzten Rick das Hindernis folgen. Die Übung ist von der Grundform insofern verschieden, als sie ein Durchtraben verlangt und es dem Pferd nach dem letzten Rick überläßt, ob es das Hindernis

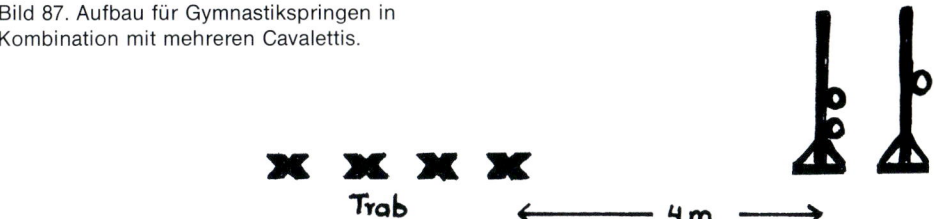

Bild 87. Aufbau für Gymnastikspringen in Kombination mit mehreren Cavalettis.

aus dem Trab oder Galopp springen will. Das Anreiten erfolgt im Leichttraben. Der enge Abstand der Bodenricks von etwa 1,30 m soll das Pferd veranlassen, den Trab beizubehalten. Das Hindernis wird nicht hoch gebaut, weil das Pferd keine Möglichkeit hat, viel Schwung zu holen. Daher hat sich zum Training über größere Sprünge der Aufbau mit einem Bodenrick besser bewährt. Mehrere Cavalettis empfehlen sich nur, wenn man das Pferd einerseits beruhigen und es zum anderen mit aufgewölbtem Rücken springen lassen will. Ansonsten halte ich die Grundform mit einem Rick vor dem Hindernis für günstiger.

Bild 88. Gymnastikspringen in Kombination mit mehreren Cavalettis. Erdmuthe Rosner auf dem 7jährigen Oldenburger Hengst »Feuerball« von »Furioso«.

Aufmerksames Traben über die Cavalettis, den Blick schon auf das Hindernis gerichtet.

Schöner Aussprung mit gut angewinkelten Vorderbeinen und aufgewölbtem Rücken; die Reiterin neigt sich übertrieben weit nach vorn.

Für Pferde, die dazu neigen, nach dem Hindernis heftig zu werden, kann der Grund-aufbau mit einem Cavaletti und einem Hindernis noch auf folgende Weise ergänzt werden: Man stellt ein zweites oder auch drittes Bodenrick hinter das Hindernis, und zwar im Abstand von ca. 3,50 m, 7 m oder 10,50 m. Dadurch wird die Aufmerksam-keit des Pferdes auf dieses Rick gelenkt. Schon im Sprung über das Hindernis geht der Blick des Pferdes nach unten auf die noch vor ihm stehenden Cavalettis. Unwill-kürlich wölbt das Pferd damit zugleich den Rücken auf. Es findet keine Zeit zum Weglaufen und kann durch geschickte Einwirkung des Reiters sofort wieder aufge-nommen werden. Wer dennoch Schwierigkeiten hat, legt nach dem letzten Rick noch eine große Volte an, bis das Tempo des Pferdes wieder ruhig ist. Anschließend pariert der Reiter zum Trab durch und gibt seinem Pferd entweder eine kurze Pause oder beginnt mit einer neuen Übung.

Der größte Erfolg wird erzielt, wenn der Aufbau im Laufe der Ausbildungsstunde möglichst oft verändert wird. Jedes Versetzen der Bodenricks und jedes Verstellen der Hindernisteile regt die Aufmerksamkeit des Pferdes an, erzieht auf die Dauer zur selbständigen Mitarbeit und fördert die Geschicklichkeit von Reiter und Pferd. Unentbehrlich ist hierbei die Unterstützung durch eine Hilfsperson, die rasch und möglichst unauffällig den Umbau vornimmt. Auch sollte man sich nicht scheuen, sie häufig zu befragen, wie die Manier des Pferdes oder der Sitz des Reiters gewesen sei, selbst, wenn es sich um jemanden handelt, der nicht die Qualifikation eines Spring-lehrers hat. Damit sind vor allem diejenigen Reiter angesprochen, die auf sich ge-stellt sind und keinen ständigen Ausbilder haben.

Für die Übungsdauer gilt auch hier als Richtschnur, daß nicht mehr als zehn bis fünf-zehn Ausführungen verlangt werden sollten. Zum Abschluß werden die Cavalettis wieder entfernt, und wir springen noch zwei- bis dreimal über das Einzelhindernis, um zu prüfen, ob das Pferd zur Ruhe gekommen ist und den Sprung – ohne heftig zu werden – annimmt. Dann loben wir es und reiten es trocken. Hat sich der gewünschte Erfolg hingegen nicht eingestellt, brechen wir die Übung ab, gehen auf das Dressur-viereck und verbessern dort durch Übergänge und halbe Paraden die Durchlässig-keit. Danach machen wir nochmals ein bis zwei Sprünge, sind jetzt aber bereit, einen Kompromiß einzugehen, um ohne Streit die Übungsstunde beenden zu können. Am Abend gehen wir die Reitstunde noch einmal gedanklich durch, überlegen, was wir falsch gemacht haben könnten, und machen uns für den nächsten Tag ein neues Pro-gramm. Es dauert manchmal Tage und Wochen, bis das junge Pferd begriffen hat, Hindernisse in gleichmäßigem ruhigem Tempo zu springen. Das Gymnastikspringen mit seinen Kombinationsmöglichkeiten kann uns hierbei als Hilfsmittel wertvolle Dienste leisten. Es ist und bleibt aber nur ein Hilfsmittel und ist als solches nur so gut, wie der Reiter es durch Geschick und geduldiges Reiten zu nutzen versteht. Meine Vorschläge möchte ich deshalb auch nur als Anregungen verstanden wissen, die ich selbst erprobt habe, ohne daß sie eigenes Ausprobieren überflüssig machen.

Parcoursspringen

Den Abschluß der Grundausbildung des jungen Pferdes in der Disziplin Springen bildet das Parcoursspringen. Es soll zeigen, ob das Pferd durch die vorausgegangene Ausbildung so viel an Vertrauen, Gewandtheit, Kraft und Ausdauer erlangt hat, daß es einen Springparcours in guter Manier gehen kann. Erst die Leistung im Springparcours gibt die Antwort auf die Frage nach der richtigen Vorbereitung.

Wenn das junge Pferd die verschiedenartigen Hindernisse kennengelernt hat, wenn es im gleichmäßigen Galopptempo Einzel- und Doppelsprünge vertrauensvoll annimmt, folgt die Bewährungsprobe im Parcours.

Voraussetzung dafür ist ein richtiger Hindernisaufbau. Wir müssen diesen dem Ausbildungsstand des Pferdes anpassen und nicht etwa umgekehrt. Das gilt auch für die Hindernisbauer im Turniersport. Ein gut gebauter Parcours soll die Leistungen der Pferde steigern. Man kann fünf Punkte nennen, auf die es beim Aufbau eines Springparcours ankommt:

1. auf die richtige Linienführung
2. auf die richtige Anordnung der einzelnen Hindernisse im Parcours
3. auf den richtigen und fairen Bau der einzelnen Hindernisse
4. auf die richtigen Abstände aller Hindernisse voneinander
5. auf die Höhe der Hindernisse.

Die Linienführung sollte so gewählt werden, daß sie ein flüssiges Galoppieren vom Anfang bis zum Ende gestattet. Es ist deshalb falsch, ohne zwingenden Grund eine scharfe Wendung in den Parcours hineinzulegen, namentlich direkt nach einem Sprung. Ein Parcours mit harmonischer Linienführung ist nebenstehend abgebildet. Für die Anordnung der einzelnen Hindernisse gilt der Grundsatz, daß die Anforderungen sich im Verlaufe des Parcours langsam steigern sollen. Der erste Sprung sollte leicht zu taxieren sein und das Pferd gewissermaßen zur Freude am Springen anregen. Auch der zweite Sprung sollte dem Rechnung tragen, da die Pferde erst in Schwung kommen müssen. Das dritte oder vierte Hindernis kann dann ein Doppelsprung sein. Im weiteren Verlauf sollte es einen Wechsel zwischen Steilsprüngen und Hochweitsprüngen geben, wobei der Schwierigkeitsgrad sich zum Schluß des Parcours hin steigern kann.

Beim Bau der Hindernisse ist darauf zu achten, daß sie fair und einladend sind. Die Stangen und das sonstige Material müssen so beschaffen sein, daß sie vom Pferde ernst genommen werden, also keine dünnen Latten und ohne zuviel Luft zwischen den einzelnen Stangen. Das Ganze muß massiv genug wirken und Achtung einflößen. Bei Oxern sollte die hintere Stange immer einige Zentimeter höher sein als die vordere, damit die Pferde sie sehen können. Stangen auf grünen Hecken müssen sich farblich abheben. Sonst werden die Pferde zum »Wischen« verleitet. Die Hindernis-

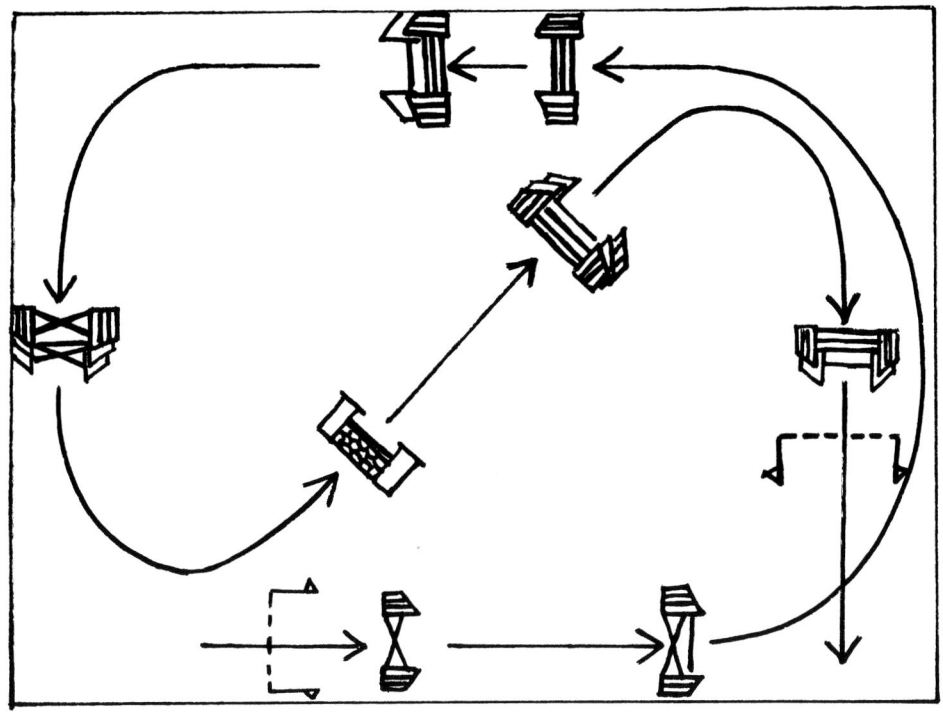

Bild 89. Springparcours mit harmonischer Linienführung für junge Pferde.

teile sollen fest genug in den Auflagen liegen. Bei einem leichten Berühren oder Anschlagen sollen sie nicht gleich herunterfallen.

Einer der wichtigsten Punkte ist der richtige Abstand der einzelnen Hindernisse
voneinander, und zwar sowohl der doppelten und dreifachen als auch der weiter aus-
einanderliegenden Sprünge. Alle Hindernisse sollten so angeordnet werden, daß sie
in den Rhythmus der Galoppbewegung hineinpassen. Der kürzeste Abstand für einen Doppelsprung ist sieben Meter. Alle kürzeren Abstände gehören in den Bereich
der Akrobatik. Bei Kombinationen von Hochweit- und Steilsprüngen als Doppelsprünge sollte man auf das flachere Landen des Pferdes nach einem Hochweitsprung
etwas Rücksicht nehmen. Hier liegt die beste Entfernung zwischen 7,50 m und 8 m
bzw. 15 m, wenn man drei Galoppsprünge Zwischenabstand haben will.

Die Höhe der Hindernisse ist in der LPO für die einzelnen Klassen vorgeschrieben.
In der Klasse A dürfen Hochsprünge bis 1,10 m hoch und Hochweitsprünge bis
1,40 m weit sein. Wassergräben dürfen eine Breite von 3 m haben. Das dürfte kei-
nem richtig ausgebildeten Pferd Schwierigkeiten bereiten.

Von entscheidender Bedeutung für das Gelingen des Parcoursspringens ist das Abreiten. Nur ein richtig vorbereitetes Pferd kann im Parcours seine beste Leistung bringen. Darauf ist das ganze Ziel abgestellt. Wir können ruhig eine gute halbe Stunde Zeit aufwenden, bevor wir in den Parcours gehen. Im Aufbau der Reitstunde gehört das Parcoursspringen an den Schluß des Arbeitsteiles. Also beginnen wir mit lösenden Lektionen, schließen Übungen für die Durchlässigkeit an und machen dann einige Probesprünge. Jungen Pferden tut es gut, wenn wir hierzu einzelne Sprünge des fertig aufgebauten Parcours benutzen. Später, im zweiten Ausbildungsjahr, wählen wir bewußt andere Hindernisse zum Abspringen aus, weil dies im Ernstfall auf dem Turnier ebenfalls nicht anders möglich ist; denn ein vorheriges Zeigen der Hindernisse ist nach der LPO verboten.

Drei bis fünf Probesprünge sollten genügen. Zeitlich sind diese so zu legen, daß das Pferd hinterher möglichst bald seinen Parcours springt. Faule Pferde springt man über Weitsprünge ab, nervige über Steilsprünge mit Absprunghilfen durch Cavalettis. Bei einem Durchschnittspferd springt man ein- bis zweimal über einen Weitsprung. Hat man dabei erreicht, daß sich das Pferd gut fliegen läßt, schließt man ein bis zwei Sprünge über einen Steilsprung an.

Wir springen den Parcours in der Arbeit nicht um des Parcours willen. Wir sind schließlich nicht auf dem Turnier, sondern bilden das Pferd aus, damit es in der Lage ist, im Gleichgewicht eine Anzahl von Hindernissen hintereinander zu überwinden. Der Reiter muß sein Pferd nach jedem Sprung wieder an die Hilfen stellen und notfalls bereit sein, einen Sprung auszulassen oder die Reihenfolge zu unterbrechen, wenn sich das Pferd von den Hilfen freimacht. Wir beobachten häufig, daß Pferde im Verlauf eines Parcours auf Grund innerer Erregung immer schneller werden und dann Flüchtigkeitsfehler machen. Durch scharfes Zurücknehmen lassen sich diese Fehler kaum korrigieren, weil dadurch weiterer Widerstand gegen die Reiterhand ausgelöst und noch mehr Heftigkeit provoziert werden. Hier hilft während der Arbeit am besten das Abwenden auf einen großen Bogen unter Außerachtlassen oder Umreiten des nächsten Sprunges, bis durch halbe Paraden das Gleichgewicht und der gleichmäßige Galoppsprung wiederhergestellt sind. Dann setzen wir den Parcours fort. Der Arbeitsparcours ist ein Stilspringen. Wir bemühen uns um gleichmäßiges Tempo vom Start bis zum Ziel und vermeiden kräftige Hilfen. Das Pferd wird es uns danken und seine Aufgabe mit Freude erfüllen. Ein schöneres Geschenk kann man sich gegenseitig nicht machen.

Reiten im Gelände

Die Grundausbildung des Reitpferdes soll abwechslungsreich sein. Das wurde bereits in dem Kapitel über den grundsätzlichen Aufbau einer Reitstunde besprochen (siehe Seite 67 ff.). Abgesehen davon müssen wir sicherstellen, daß unser Pferd genügend Bewegung erhält. Wer sein Pferd nach der Morgenarbeit nachmittags zur Erholung für einige Stunden auf die Weide schicken kann, sollte diese Chance nutzen. Der Gesundheit und Zufriedenheit des jungen Pferdes wird dies guttun.
Natürlich bleibt der Weidegang für ein Reitpferd in der Stadt ein Wunschtraum. Wir müssen deshalb nach anderen Wegen suchen, um dem uns anvertrauten jungen Pferd ausreichend Gelegenheit zur Bewegung zu verschaffen. Dafür sind z.B. Spazierritte geeignet. Reiten im Freien ist schlechthin ein unverzichtbarer Bestandteil der Grundausbildung. Wenn Witterungs- und Bodenverhältnisse es zulassen, sollten wir möglichst oft draußen auf dem offenen Reitplatz oder im Gelände reiten. Sollte im unmittelbaren Anschluß an die Reitanlage kein geeignetes Gelände zum Ausreiten zur Verfügung stehen, lohnt es sich auf jeden Fall, zusammen mit Freunden am Wochenende das Pferd zu verladen und einen gemeinsamen Geländeritt zu unternehmen. Hierbei beschränke man sich auf viel Schritt-, ruhige Trab- und ruhige Galopparbeit. Das »Tummeln« zu Pferde sollte im Vordergrund stehen; denn ohne sorgfältiges Aufbautraining verfügt das junge Pferd nicht über die Kondition, die erforderlich ist, um scharfe Galoppreisen ohne Schaden durchzustehen.
Die Möglichkeiten, die das Reiten im Gelände für die Gymnastizierung des Pferdes bieten, sind vielfältig. Wir müssen sie nur sehen und richtig nutzen. Durch Reiten im Gelände können wir die Losgelassenheit des Pferdes allein schon dadurch erzielen, daß wir eine halbe Stunde lang im Schritt, erst am langen Zügel und, sobald das Pferd es zuläßt, mit hingegebenem Zügel spazierenreiten. Durch zeitlich dosiertes Schrittreiten, Traben und Galoppieren in frischer Luft können wir die Muskulatur des Pferdes entwickeln und es dadurch kräftiger und gesünder machen. Wir können durch Einbeziehen von Klettern und Reiten auf unebenem Gelände die Beweglichkeit fördern und die Geschmeidigkeit verbessern. Schließlich trägt das Reiten im Gelände dazu bei, die Geschicklichkeit und den Gehorsam des Pferdes zu schulen.

Über eines müssen wir uns allerdings im klaren sein: Die Gefahr einer kräftemäßigen Überforderung ist im Gelände größer, namentlich dann, wenn in Begleitung mehrerer Pferde geritten wird. Pferde spornen sich in Gesellschaft an und ziehen sich sozusagen gegenseitig mit. Wir spüren also das Nachlassen der Kräfte nicht so deutlich, als wenn wir in der Bahn oder auf dem Reitplatz reiten. Deshalb ist hier die Gesundheitskontrolle nach der Arbeit besonders wichtig.

In Gesellschaft ausreiten

Wenn man nicht bloß spazierenreiten will, sollte man mindestens zu zweit ausreiten. Wir hatten uns an der Westfälischen Reit- und Fahrschule in Münster zum Grundsatz gemacht: nie alleine ins Gelände reiten, wenn gesprungen werden soll. Allzu leicht kann es passieren, daß man stürzt, sich möglicherweise verletzt und das Pferd wegläuft. Natürlich wünscht sich niemand eine solche Situation. Ist man aber in Begleitung, kann wenigstens rasch geholfen werden. Abgesehen davon wissen wir, daß Pferde in Gesellschaft freudiger gehen. Wir können uns die Ausbildung erleichtern, wenn wir mit mehreren zusammen sind. Beim Springen nützt dem jungen Pferd das Beispiel eines älteren, erfahrenen Pferdes unerhört viel. Das ältere Pferd übernimmt die Führungsrolle und springt voran. Der Reiter mit dem jungen Pferd folgt im Abstand von einigen Pferdelängen. Er wird feststellen, wieviel leichter das geht. Ich habe bei Wassersprüngen oft erlebt, daß ein junges Pferd sich standhaft weigerte, allein ins Wasser zu springen. Einem erfahrenen Pferd, das diesen Sprung kannte, folgte es anstandslos. Hier reagieren Pferde ebenso wie wir Menschen auf ein Vorbild oder ein gutes Beispiel. Die Sicherheit und Selbstverständlichkeit im Annehmen von fremden Hindernissen können wir dem jungen Pferd am einfachsten in Begleitung mit einem erfahrenen Pferd beibringen.

Eine Gruppe bis zu vier Reitern und Pferden dürfte für die Ausbildung im Gelände am günstigsten sein. Bei einer noch größeren Gruppe besteht die Gefahr, daß man sich gegenseitig behindert. Auch habe ich die Erfahrung gemacht, daß dann die Disziplin und der notwendige Ernst leichter nachlassen. Bei allem Spaß in der Gesellschaft darf der Reiter seine Verantwortung für das junge Pferd nicht vergessen. Wir wollen nicht »juxen« und unsere Freude am schnellen Reiten haben, sondern die gymnastische Ausbildung des uns anvertrauten Pferdes im Gelände mit reiterlichem Feingefühl ausführen. Die dabei gewonnene Harmonie zwischen Reiter und Pferd vermittelt erst das wahre Glücksgefühl. Es macht einem echten Reitersmann keine Freude, sein Pferd abzujagen und es müde und naß in den Stall zurückzubringen.

Lösende Übungen im ersten Ausbildungshalbjahr

Wenn wir den Zeitplan der Grundausbildung durchgehen und dabei die Witterungsverhältnisse im Winter berücksichtigen, kommen wir zu dem Ergebnis, daß im ersten Ausbildungshalbjahr das Reiten im Gelände vornehmlich die Losgelassenheit des Pferdes fördern soll. Wie oft sollen wir ausreiten, und was sollen wir draußen mit dem jungen Pferd üben? – Sobald die Phase des ersten Anreitens überstanden ist, die Remonte sich also an das Reitergewicht gewöhnt hat, sollten wir, sofern es Wetter und Boden zulassen, die Phasen des Lösens oder Trockenreitens nach draußen verlegen. Zum Trockenreiten werden wir im Herbst und Winter außerhalb der Reitbahn selten Gelegenheit haben, weil wir ein warmes Pferd keiner Zugluft aussetzen dürfen. Wenn aber die Witterung klar ist, können wir unbesorgt auch bei kaltem Wetter das Pferd durch Spazierenreiten im Schritt und Leichttraben neben oder hinter einem Führpferd lösen. Das kann zeitlich bis zu einer halben Stunde ausgedehnt werden und richtet sich im einzelnen nach dem Ausbildungsziel, welches wir uns für die Reitstunde dieses Tages vorgenommen haben.
Zum Spazierenreiten eignet sich nahezu jedes Gelände. Wir können im Schritt beruhigt über jeden Boden reiten, der fest genug ist, auch über Asphalt. Es gibt in der Trainingslehre für Militarypferde namhafte Autoren, die ausgedehnte Trabübungen auf Asphaltstraßen zur Stärkung der Sehnen und Gelenke empfehlen. In England habe ich dieses Training selbst beobachten können. Die Pferde waren dann allerdings beschlagen.
Für das Spazierenreiten im Schritt und Trab kommen wir in der Grundausbildung bei Pferden mit gesunden Hufen ohne Eisen aus.
Bei der Wahl des Geländes bevorzugen wir, wenn überhaupt eine Auswahl zur Verfügung steht, verkehrsarme Wege. Wir wollen das Pferd möglichst wenig durch neue Umwelteinflüsse beunruhigen und es erst nach und nach daran gewöhnen. Je weiter die dressurmäßige Grundausbildung fortgeschritten ist und je mehr das Pferd dabei gelernt hat, die reiterlichen Hilfen anzunehmen, desto mutiger kann der Reiter bei der Auswahl des Geländes für das Lösen sein. Bald kennt die Remonte ohnehin jeden Weg in der Nähe der Reitanlage und wird ihn zufrieden gehen.
Bunte Gegenstände, Fahrzeuge, Pfützen, kurzum alles, was am einen Tag gegenüber anderen Tagen verändert ist, beunruhigt das Pferd. Der Grad der Unruhe richtet sich nach dem Temperament. Es gibt bodenscheue Pferde, denen diese Eigenschaft selbst durch größte Geduld nicht abzugewöhnen ist. Ich habe dies während meiner bisherigen reiterlichen Laufbahn bei zwei Dressurpferden erlebt, die ich nach Jahren schließlich verkauft habe, weil ich sie trotz aller Versuche, sie an Blumen und Buchstaben des Dressurvierecks zu gewöhnen, nur starten konnte, wenn ich sie vorher müde geritten hatte.
Pferde mit normaler Temperamentslage beruhigen sich beim Anblick neuer Gegen-

Bild 90. Spazierenreiten im Gelände dient der Erholung von Mensch und Tier und beruhigt die Nerven. Ruth Klimke auf dem 8jährigen westfälischen Wallach »Feuerdorn« von »Frühlingstraum«.

stände recht schnell, wenn der Reiter bestimmt genug handelt und dabei selbst nicht nervös wird. Dazu ist erforderlich, daß der Reiter die Zügel aufnimmt, das Pferd in Richtung auf das Hindernis einstellt und mit seinen Hilfen in Bereitschaft ist, um einen etwaigen Ausbruchsversuch des Pferdes bereits im Keim zu ersticken. Dies ist einer der Augenblicke, in denen der Reiter die berühmte Zehntelsekunde schneller sein muß als sein Pferd. Das Pferd muß den Eindruck bekommen, daß der Reiter stärker und der fremde Gegenstand kein Anlaß zur Beunruhigung ist. So wird das Vertrauen des Pferdes zu seinem Reiter von Mal zu Mal größer als die Angst vor einem unbekannten Hindernis.

Zu den lösenden Übungen im ersten Ausbildungshalbjahr gehört auch die Gewöhnung an Bodenunebenheiten und das Treten über Miniaturhindernisse wie Baumstämme und am Boden liegendes Strauchwerk. Wir brauchen bei der Auswahl des Bodens, wie gesagt, nicht zimperlich sein. Kleinere Unebenheiten sollten uns willkommen sein, um die Trittsicherheit des Pferdes im Schritt zu festigen. Wir müssen nur aufpassen, daß der Untergrund fest genug ist, damit die Pferdebeine nicht im Morast versinken.

Konditionstraining im zweiten Ausbildungshalbjahr

Sobald nach Beendigung des Winters draußen geritten werden kann, ist die Zeit gekommen, in der wir das Reiten im Gelände für die weiteren Ausbildungsziele in die Grundausbildung mit einbeziehen. Normalerweise beginnt jetzt für die im Herbst angerittene, nunmehr vierjährige Remonte das zweite Ausbildungshalbjahr. Das Ausbildungsstadium der Remonte geht dem Ende zu. Wir beschäftigen uns im Rahmen der dressurmäßigen Ausbildung mit der Entwicklung der drei Grundgangarten. Hierfür ist Konditionstraining im Gelände eine wertvolle Ergänzung. Wie gehen wir dabei vor?

Die Pferde sind im Frühjahr, wenn es die ersten Male nach draußen geht, meistens besonders frisch. Auch sie werden von der Frühlingsluft angesteckt und möchten dies zeigen. Auf der anderen Seite macht das Pferd um diese Zeit den Haarwechsel durch und ist deshalb krankheitsanfälliger. Wir müssen seine Kondition langsam aufbauen. Dazu erhöhen wir die Trabreprise im Leichttraben während der Lösungsphase auf zweimal zehn Minuten mit einer Schrittpause dazwischen. Wir verlängern das Trockenreiten im Schritt nach dem Arbeitsteil der Reitstunde. Bei schönen Tagen vergessen wir die Dressurarbeit auf dem Viereck und gehen nur ins Gelände oder auf die Galoppierbahn, wenn kein geeignetes Gelände zur Verfügung steht. Das erste Galopptraining im Gelände steht bevor. Hierzu muß man folgendes wissen: Ruhige Galopparbeit im Tempo von etwa 350 m/Min. fördert die Ausdauer.

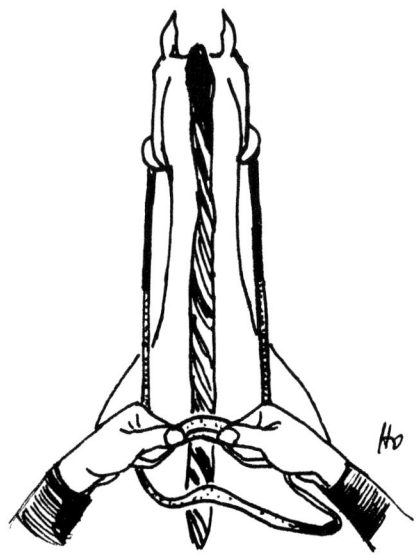

Bild 91. Zügelbrücke.

Bild 92 (rechts). Kantern im leichten Sitz auf der Galoppierbahn. David Pincus auf dem 4jährigen Hannoveraner Wallach »Volt« von »Vollkorn xx« im Linksgalopp. Ausdrucksvolle Bewegung in gutem Rahmen und leichter Anlehnung.

160

Ein schneller, kurzer Sprint bis zu einem Tempo von 650 m/Min. fördert den Atem. Bedingt durch die Frühlingsaufregung beschränken wir uns zunächst auf ruhige Kanterarbeit, etwa zweimal in der Woche, die wir allmählich auf vier bis fünf Kilometer ausdehnen. Dabei werden die Bügel mindestens zwei Loch kürzer geschnallt, damit der Reiter im Entlastungssitz galoppieren kann. Die Zügel sind so lang zu fassen, daß die Hände rechts und links am Mähnenkamm aufgesetzt werden können. Man kann dazu eine »Brücke« machen, wie sie auf Seite 160 abgebildet ist. Die Hände stehen dann ruhiger. Auf der Galoppierbahn und auch im Gelände sollte man die Pferde grundsätzlich einzeln galoppieren lassen. Nur faule Pferde sollten hinter einem Führpferd galoppiert werden. Das kann aber wirklich nur die Ausnahme sein. Wenn ein junges Pferd im Frühjahr nach halbjähriger Winterausbildung draußen im Gelände oder auf der Galoppierbahn keine Neigung zum Vorwärtsgaloppieren zeigt, dann stimmt etwas nicht. Entweder ist das Pferd krank, oder es hat ein seltenes Phlegma. Auf jeden Fall muß der Gesundheitskontrolle bei diesem Pferd ganz besondere Aufmerksamkeit gewidmet werden.

Von großer Wichtigkeit für die Galopparbeit ist die Beschaffenheit des Bodens. Zum Kantern eignet sich am besten eine Sandbahn. Wo diese nicht vorhanden ist, genügt ein großer, ebener Platz oder ein nicht zu tiefer Sandweg. Schnelle Galopps sollten nur auf leichtem Sand oder auf weichem Grasboden geritten werden, weil alles andere die Beine zu sehr beansprucht.

Da wir in Materialprüfungen, namentlich in Championaten, in den drei Grundgangarten Mindestleistungen zu erbringen haben, ist es schon wichtig, dieses Tempo im Training zu üben. In Reitpferdeprüfungen werden als Mindestleistungen gemäß § 352 LPO verlangt:

Trab:	1000 m in 3½ Min.	= 285 m/Min.
Galopp:	2000 m in 3½ Min.	= 570 m/Min.
Schritt:	300 m in 3½ Min.	= 100 m/Min.

Um dieses Tempo einhalten zu können, braucht der Reiter das entsprechende Zeitgefühl. Selbst erfahrene Ausbilder sollten ihr Zeitgefühl in regelmäßigen Abständen durch Reiten der geforderten Mindestleistungen nach der Stoppuhr überprüfen. Schon manches hochtalentierte Pferd hat in Championaten die verdiente Plazierung eingebüßt, weil sich der Reiter in einer der drei Gangarten – meistens im Galopp – in der Mindestzeit verschätzt hat. Wir üben bei uns auf der Galoppierbahn im Reiterverein St. Georg Münster vor Starts in Championaten regelmäßig die Mindestzeiten. Das Ganze wird durch Wetten um eine Flasche Bier oder ähnliches aufgelockert. Wer der vorgeschriebenen Zeit am nächsten kommt, hat gewonnen. In meiner Militaryzeit haben wir dies beim Rennbahntraining unserer Militarypferde ähnlich gemacht. Es hat uns allen viel Spaß bereitet, ohne daß wir den ernsten Hintergrund dabei vergessen haben.

Im Schritt und Trab ist die Einhaltung der Mindestzeiten einfach. Wir brauchen dazu kein spezielles Konditionstraining. Im Galopp hingegen sollte man ohne Aufbautraining die 2000 Meter in 570 m/Min. nicht reiten. In den ersten beiden Wochen, in denen wir im Frühjahr draußen reiten können, bleibt es bei den ruhigen Galopps im Tempo von etwa 350 m/Min. Erst in der dritten Woche legen wir am Schluß auf den letzten 500 Meter einen schnellen Sprint ein. Beim nächsten Mal üben wir dann die 2000 Meter in etwas unter 3 1/2 Minuten. Hierbei ist es wichtig, die erste Runde nicht zu schnell anzugehen. Das Pferd soll gleichmäßig durchatmen und raumgreifende Galoppsprünge zeigen. Ein Überjagen führt zu hastigen Galoppsprüngen und kostet unnötige Nervenkraft. Wir wollen im übrigen kein Rennen gewinnen, sondern die Grundgangart Galopp entwickeln. Das junge Pferd soll über eine längere Strecke, ohne Müdigkeitserscheinungen erkennen zu lassen, schwungvolle und raumgreifende Galoppsprünge zeigen. Mehr wird in der Grundausbildung nicht verlangt.

Bergauf- und Bergabreiten

Das Klettern bergauf und bergab fördert die Kraftentwicklung und verbessert die Geschmeidigkeit und Geschicklichkeit des Pferdes. Wir könnten diese Arbeit vom zweiten Ausbildungshalbjahr an in die Grundausbildung mit einbeziehen, wenn geeignetes Terrain zur Verfügung steht. Je steiler der Hang ist, desto vorsichtiger müssen wir vorgehen. Am besten eignet sich ein Hang mit einer Neigung zwischen 30 und 60 Grad.

Wenn wir mit einem jungen Pferd gegen eine Steigung reiten, wird es zunächst sein Tempo verstärken, gewissermaßen um Schwung zu holen, beim Erreichen der Höhe aber langsamer werden, weil es den Schwung verliert. Umgekehrt ist es beim Abstieg. Hier ist die natürliche Reaktion des Pferdes ein Verlangsamen des Tempos, um dann beim Abstieg selbst immer schneller werden zu wollen. Durch die Ausbildung wollen wir das Pferd dazu erziehen, in gleichmäßigem Tempo zu bleiben, um es vor Schäden und Stürzen zu bewahren.

Die reiterliche Unterstützung durch den richtigen Sitz ist beim Klettern besonders wichtig. Als Faustregel gilt: bergauf stets mit vorgeneigtem Oberkörper. Die Abbildung 93 zeigt die richtige und die falsche Ausführung. Der Reiter neigt den Oberkörper nach vorn, um die zu vermehrter Schubkraftleistung gezwungene Hinterhand zu entlasten. Wenn es steiler wird, stellt man sich sogar in den Bügel, neigt sich weit nach vorne und hält sich – weil diese Haltung das Gleichgewicht des Reiters natürlich nicht gerade fördert – in der Mähne fest. Ist der Hang, den man hinauf muß, kurz und steil, dann ist ein Anlauf angebracht. Zieht sich die Böschung länger hinauf, dann kann sie nur in ruhigem, gleichmäßigem Schritt erklommen werden. Lange, steilere Steigungen überwindet man am besten durch schräges Reiten im Schritt.

Bergab ist das schräge Reiten ein verhängnisvoller Fehler. Die Pferde verlieren hier zu leicht das Gleichgewicht und stürzen. Man reitet deswegen bergab grundsätzlich gerade in direkter Linie – wie steil es auch immer sein mag – in der langsamsten Bewegungsart, dem Schritt. Für den Sitz gilt: mitgehen mit der Bewegung des Pferdes durch vorgeneigten Oberkörper.

Dadurch verliert der Reiter sehr viel an Halt. Er muß deswegen die Bügel fest austreten und – wenn notwendig – sich am Hals des Pferdes mit den Händen aufstützen, wie dies die Abbildung 93 zeigt. Gerät man dennoch in Gefahr vornüberzufallen, dann ist jener Neigungswinkel der Böschung erreicht, bei dem man sich nicht mehr nach vorne beugen darf. Von einem bestimmten Winkel an – der dem Reiter gefühlsmäßig bekanntwerden muß und etwa bei 60 Grad liegt – ist die umgekehrte Reiterreaktion nötig: Man muß mit dem Oberkörper weit zurück, möglichst in die Senkrechte, um das Pferd nicht aus dem Gleichgewicht und zum Stürzen zu bringen.

In Kurzform und einprägsam ausgedrückt:

Bergauf: Oberkörper vor. Wenn es zu lange ansteigt, schräg anreiten.

Bergab: Oberkörper vor, über 60 Grad Oberkörper zurück. Immer gerade, niemals schräg bergabreiten.

Wichtig ist dabei: Die Zügel niemals ganz wegwerfen, das Pferd aber auch nicht durch Zügelanziehen stören. Eine weiche Verbindung zum Pferdemaul behalten und stets zum Nachgeben bereit sein.

Nach jeder Übung gibt man die Zügel hin und gönnt dem Pferd eine kleine Pause. Mehr als sechs- bis achtmal sollten wir den Hang nicht hinauf- bzw. hinabreiten. Die Belastung für das Pferd wird sonst zu groß.

Das Einüben typischer Geländehindernisse

Durch das Reiten auf unebenem Gelände und Bergauf- und Bergabreiten haben wir das junge Reitpferd im zweiten Ausbildungshalbjahr mit Neuigkeiten im Gelände vertraut gemacht. Parallel dazu verläuft die Gewöhnung an typische Geländehindernisse, wie sie uns auf Jagden und Querfeldeinritten immer wieder begegnen. Es sind dies vor allem Gräben, Wassereinsprünge, Tiefsprünge sowie Sprünge gegen den Hang. Sie alle erfordern eine bestimmte Sprungtechnik, deren Beherrschung dem Pferd erst das notwendige Vertrauen zu seinem eigenen Können gibt.

Gräben sind wohl die am häufigsten im Gelände vorkommenden Naturhindernisse. Wir müssen Gelegenheiten suchen, sie dem Pferd in möglichst allen Formen und Besonderheiten zu zeigen, um ihm so viel Vertrauen und Sicherheit zu vermitteln, daß es im Ernstfall auch dann springt, wenn der Graben einmal mächtig aussieht. Dazu beginnen wir mit ganz einfachen Aufgaben. Wir müssen wissen, daß nahezu jedes

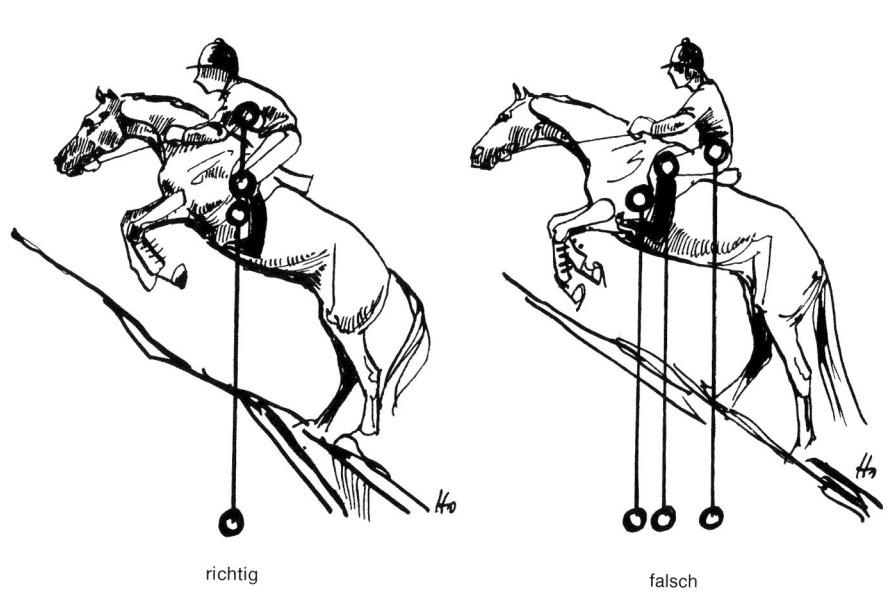

richtig   falsch

richtig   falsch

165

Bild 94. Horst Karsten auf dem Holsteiner Schimmel-Wallach »Stromer« über einem Oxer in der Ebene.

Gute Gewichtsverlagerung des Reiters im Einklang mit dem Schwerpunkt des Pferdes.

Geschmeidiger Sitz des Reiters, nur wenig aus dem Sattel gehend; hervorragende Schenkellage. Das Pferd läßt sich vertrauensvoll fliegen.

Reiter und Pferd bei der Landung in vollkommenem Gleichgewicht.

Pferd von seinem Springvermögen her mit Leichtigkeit vier bis sechs Meter weit springen kann. Die eigentliche Schwierigkeit beim Springen von Gräben liegt in dem psychischen Eindruck, den der Anblick dieses Hindernisses beim Pferd hervorruft. Wenn die Scheu davor überwunden ist, gibt es später keine Probleme mehr. Deshalb sollten die Anforderungen anfangs möglichst leicht gehalten werden.

Für die ersten Versuche eignet sich am besten ein trockener Graben von etwa 1 bis 1,50 Meter Breite. Der Graben sollte tief genug sein, damit das Pferd einen Sprung machen muß, um auf die andere Seite zu kommen. Es gibt zwei Möglichkeiten, ein junges Pferd mit Gräben vertraut zu machen, je nachdem, ob ich ein erfahrenes Führpferd als Begleiter habe oder nicht. Am leichtesten läßt sich die Aufgabe lösen, wenn ich mich von einem Führpferd sozusagen mitziehen lasse. Dann trabe ich etwa ein bis zwei Pferdelängen hinter diesem her und achte kurz vor dem Absprung darauf, daß ich mit den treibenden Hilfen sofort da bin, falls mein Pferd zaudern sollte. Steht kein Führpferd zur Verfügung, gehe ich folgendermaßen vor: Ich reite im Schritt gerade auf den Graben zu. Beim Erreichen der Grabenkante gestatte ich dem Pferd, seinen Hals lang zu machen und den Graben zu beschnuppern. Bleibt das Pferd vor dem Graben stehen, ist das kein Grund zur Beunruhigung; denn ein Pferd kann ohne weiteres aus dem Stand mehr als zwei Meter weit springen. Die reiterliche Unterstützung besteht in der Hauptsache darin, daß der Reiter selbst fest entschlossen ist, den Graben zu überwinden, und diesen Willen durch treibende Hilfen dem Pferd übermittelt. Ich habe die Erfahrung gemacht, daß die meisten Pferde sich nach kurzem Zaudern zum Sprung entschließen und dann plötzlich abdrücken. Darauf muß der Reiter gefaßt sein und deshalb mit den Händen in die Mähne oder in den Halsriemen fassen, damit er nicht aus Versehen hinter die Bewegung gerät und dem Pferd einen Ruck ins Maul verpaßt.

166

Wenn sich das Pferd nach einigem Zaudern nicht zum Absprung entschließen kann, nimmt der Reiter die Gerte zur Hilfe und legt sie hinter dem Schenkel an. Ein festes Schlagen oder Bolzen mit den Schenkeln bewirkt häufig das Gegenteil des erwünschten Zwecks. Das Pferd schaltet ab und ist unter Umständen ein für allemal verdorben. Der Reiter darf deshalb niemals die Geduld verlieren. Er muß nur darauf achten, daß das Pferd nicht zur Seite abwendet oder zurücktritt. Ich habe selbst schon junge Pferde gehabt, die ich beim ersten Mal über fünf Minuten lang vor dem Graben stehenließ, dann erneut treibende Hilfen gab, und auf einmal sprang das Pferd ab. Der Bann war gebrochen. Ich lobte das Pferd sofort überschwenglich, kehrte um und sprang über den Graben zurück. An den nächsten Tagen suchte ich mir die gleiche Stelle aus, bis das Pferd von sich aus den Graben anzog. Erst von da an ritt ich kleinere Gräben aus dem Trab an und nach weiteren Wochen aus dem Galopp.

Das Einüben von Gräben geschieht deshalb zunächst aus dem Schritt und aus dem Trab, weil sich das Pferd in diesen Gangarten besser regulieren läßt und leichter den Absprung findet als aus dem Galopp. Später, wenn das Pferd Gräben kennt und durch die dressurmäßige Arbeit im Galopp gehorsam an den Hilfen des Reiters steht, wird das Springen über Gräben und Wassergräben selbstverständlich auch aus dem Galopp vermehrt geübt. Die Anforderungen können dann unbedenklich erhöht werden. Die notwendige Vertrauensbasis ist durch die Gewöhnungsarbeit geschaffen worden.

Größere Anforderungen an die Springtechnik stellt das Überwinden von *Tiefsprüngen* und *Wassereinsprüngen* sowie von *Sprüngen gegen den Hang*. Woran liegt das? – Der Sprung in die Tiefe bringt zwangsläufig eine steile Landung mit sich. Hinzu kommt häufig, daß der normale Landeablauf durch Bodenunebenheiten zusätzlich

gestört wird. Bei Wassereinsprüngen wird der Bewegungsablauf des Pferdes durch die Bremswirkung des Wassers beeinträchtigt. Um diese Besonderheiten meistern zu können, muß das Pferd vom Reiter entsprechend unterstützt werden. Das Geheimnis des Erfolges liegt darin, daß der Reiter durch Eingehen in die Bewegung des Pferdes seinen Schwerpunkt in den drei Hauptphasen des Sprunges: Absprung, Schwebemoment und Landung mit dem Schwerpunkt seines Pferdes in Übereinstimmung bringt. Das mögen die folgenden Sitzstudien verdeutlichen:

a) Schon beim Normalsprung in der Ebene sehen wir, daß der Reiter im Augenblick der Schwebe seinen Oberkörper weiter nach vorne neigt als bei der Landung. Denn die Rückenlinie des Pferdes verläuft bei der Landung wesentlich schräger zur Horizontalen als im Moment der Schwebe über dem Sprung. Man kann wohl sagen: Je steiler das Pferd landet, desto mehr muß der Reiter kurz vor Erreichen des Erdbodens im Sattel sitzenbleiben und dadurch den Rücken des Pferdes belasten.

b) Für den Tiefsprung bzw. Wassereinsprung folgt daraus, daß der Reiter den Oberkörper früher wieder aufrichten muß, um einen Ausgleich zu schaffen und den Aufprall bei der Landung abzufangen. In kritischen Situationen kann es sogar angebracht sein, den Oberkörper kurz vor der Landung zurückzunehmen, um nicht mit vollem Gewicht auf der Schulter des Pferdes zu landen und dieses womöglich durch plötzliche Belastung in die Knie zu zwingen. Die englischen und irischen Jagdreiter sind bekannt für eine meisterhafte Beherrschung dieses Stils, der deshalb – manchmal scherzhaft – »Old English« genannt wird.

Beim Einüben von Tiefsprüngen und Wassereinsprüngen beginnen wir selbstverständlich wieder mit geringen Anforderungen aus dem Trab. Das Ganze ist zunächst ein Mut- und Vertrauensproblem. Gelingt es, durch Springen aus dem Trab über ein

168

Bild 95. Einsprung ins Wasser. Horst Karsten auf dem Holsteiner Schimmel-Wallach »Stromer«.

Beim Einsprung neigt der Reiter seinen Oberkörper nur wenig nach vorn.

Kurz vor der Landung tritt der Reiter die Bügel nach vorn kräftig aus und verlagert sein Gewicht zurück, um der Bremswirkung des Wassers entgegenzuwirken.

Mit der Landung wird der Normalsitz wieder eingenommen.

niedriges Rick oder eine Stange in ein seichtes Wasser bzw. eine niedrigere Landestelle dem Pferd die Scheu vor dem ungewohnten Sprung in die Tiefe zu nehmen, entwickelt sich die Technik bei richtiger Unterstützung durch den Sitz des Reiters in kürzester Zeit. Als Merksatz möge dienen: in möglichst ruhigem, aber gleichmäßigem Tempo anreiten, nicht plötzlich beschleunigen.

Bild 96. Der Sprung gegen den Hang erfolgt aus dem Schwung. Horst Karsten auf dem Holsteiner Schimmel-Wallach »Stromer«.

Zur Unterstützung neigt der Reiter seinen Oberkörper weit nach vorn.

Auch beim Landen orientiert sich der Reiter mit seinem Gewicht nach vorn, um den kräftig angewinkelten Hinterbeinen das Auffußen auf der Landestelle zu erleichtern.

169

Bild 97. Sprung gegen den Hang.

Beim *Sprung gegen den Hang* ist es hingegen wichtig, mit viel Schwung anzureiten, weil die Landestelle höher liegt und die Hinterbeine des Pferdes deshalb kräftig abdrücken müssen. Zur Unterstützung neigt der Reiter seinen Oberkörper vom Absprung bis zur Landung weit nach vorn. Er entlastet so die Hinterhand sowohl beim Absprung als auch beim Auffußen auf der höheren Landestelle. Sprünge gegen den Hang reiten sich im allgemeinen leichter als Tief- und Wassereinsprünge. Man braucht nur beherzt vorwärts zu reiten.

Das Einüben typischer Geländehindernisse darf zeitlich ruhig einen ganzen Sommer in Anspruch nehmen. Vor dem Einsprung in das Wasser sollten wir uns die Muße nehmen, unser Pferd zuvor ans Reiten ins Wasser zu gewöhnen. Wir suchen uns dazu nach Möglichkeit ein seichtes Gewässer aus, in das man leicht einreiten kann. Der Untergrund muß fest genug sein. Wir dürfen das Pferd auch kurz saufen lassen, damit es jegliche Scheu vor dem Wasser verliert. Nach und nach nehmen wir zwei Hilfspersonen mit einer Stange zu Hilfe, über die wir in das Wasser ein- und ausspringen. Die Arbeit wird Reiter und Pferd bald Freude machen. Dann sind wir auf dem richtigen Weg.

Tips für die ersten Turnierstarts

Der Prüfstein für die Richtigkeit der Ausbildungsarbeit ist der Start auf dem Turnier. Zu Hause in der vertrauten Umgebung der Reitbahn, des Reitplatzes und der näheren Umgebung im Gelände spielt die Macht der Gewohnheit eine große Rolle. Das Pferd ist nicht abgelenkt und deshalb viel leichter zu guten Leistungen fähig. Manchmal, vor allem in der Dressur, schätzt der Reiter die Leistung auch falsch ein. Beim Springen und im Gelände ist dies nahezu objektiv meßbar. Schwieriger ist die Bewertung jedoch in der Dressur. Der Reiter und Ausbilder des Pferdes muß zwangsläufig positiv eingestellt sein, wenn er die Ausbildungsarbeit überhaupt erfolgreich vollbringen will. Er unterliegt dadurch natürlich leicht der Gefahr der Selbsttäuschung, indem er die Leistung seines Pferdes höher einschätzt, als es diese in Wirklichkeit ist. Geht man dann aufs Turnier und bekommt von den Preisrichtern eine Beurteilung, sei es in Material-, Eignungs- oder Dressurprüfungen, so wird man mitunter recht hart auf den Boden der Tatsachen zurückgeführt.

Ich will damit nicht sagen, daß jedes Richterurteil in den genannten Prüfungen objektiv richtig ist und die gezeigte Leistung gerecht bewertet; denn wir wissen, daß der Mangel an qualifizierten Preisrichtern genauso groß ist wie der Bedarf an guten Ausbildern. Trotzdem wird mir jeder ehrliche Pferdemann recht geben, daß wir uns manchmal selbst etwas vormachen und uns ein Turnierstart wieder die Augen geöffnet hat. Nur wenn wir zu dieser Einsicht fähig sind, werden wir auf die Dauer Erfolg haben.

Auf jeden Turnierstart müssen wir uns sorgfältig vorbereiten, wenn wir den Erfolg nicht dem Zufall überlassen wollen. Das gilt insbesondere für die ersten Starts mit jungen Pferden. Die Atmosphäre auf dem fremden Turnierplatz ist für das junge Pferd ungewohnt. Publikum, Fahnen, Lautsprecher, die vielen fremden Pferde, alles das wirkt auf das unerfahrene Pferd irritierend. Man braucht etwa eine Saison, bis das Pferd die notwendige Turniererfahrung gesammelt hat, die es in die Lage versetzt, die zu Hause gezeigten Leistungen auch auf dem Turnier zu vollbringen. Und auch dann kommt es bei jedem Start auf die richtige Vorbereitung an.

Im Winter beginnt bei uns in Münster traditionell die Turniersaison mit dem Hallenturnier in der Halle Münsterland. Zur Vorbereitung darauf üben wir mit allen Pferden, die daran teilnehmen sollen, regelmäßig ein- bis zweimal vorher Turnier. Dazu legen wir einen bestimmten Zeitpunkt fest, an dem wir die Dressuraufgabe reiten wollen, und laden uns Freunde als Zuschauer ein. Dadurch wollen wir bewußt etwas Unruhe und Ablenkung für die Pferde schaffen, damit sie sich an den Ernstfall auf dem Turnier gewöhnen.

Wenn man sich zwingt, zu einer bestimmten Uhrzeit eine Dressuraufgabe zu reiten, lernt man am besten, die Zeit ausfindig zu machen, die man zur Vorbereitung seines Pferdes auf den Start benötigt. Dazu gibt es bestimmte Faustregeln. Ein trainiertes Pferd sollte man etwa eine halbe bis dreiviertel Stunde lang abreiten, ehe es für eine Dressuraufgabe vorbereitet ist. Ein faules Pferd braucht weniger, ein fleißiges Pferd häufig mehr Zeit. Die Vorbereitungszeit sollte unterteilt werden in die Phase des Lösens und des anschließenden Abreitens. Man übt im zweiten Teil einige Ausschnitte aus der Dressuraufgabe, um das Pferd in etwa mit der Figurenfolge der wesentlichen Aufgabenteile vertraut zu machen. Dabei wird sich zeigen, daß bestimmte Teile dem Pferde entgegenkommen, andere Reprisen jedoch Schwierigkeiten bereiten.

Vor dem Start keinen Streit suchen

Nun besteht natürlich die Gefahr, daß der Reiter gerade diese schwierigen Teile häufig durchreitet, um sie zu verbessern. Am Tage des Starts ist dies problematisch. Denn der Reiter läuft Gefahr, sich an einigen Punkten festzubeißen mit der Folge, daß er sich mit seinem Pferd verzankt und nachher die ganze Prüfung mißlingt. Hier müssen der Reiter und insbesondere der Reitlehrer bzw. Betreuer viel Feingefühl entwickeln. Wenn ein Pferd tatsächlich beim Abreiten in einer bestimmten Lektion Schwierigkeiten zeigt, kann man diese als Reiter nur überbrücken, nicht aber mehr von Grund auf beheben. Was das Pferd bis zum Tage des Starts nicht gelernt hat, kann es auch unmittelbar vor dem Start kaum noch lernen. Deshalb sollte der Reiter sein Augenmerk mehr auf die Grundrittigkeit richten, auf die Durchlässigkeit und darauf, daß das Pferd innerlich zufrieden das Dressurviereck betritt.

Um das zu erreichen, sollte man bestimmte Tage auswählen, an denen man sich genau nach der Uhr auf eine Dressuraufgabe vorbereitet. Dann wird man feststellen, wieviel Zeit man zum Abreiten benötigt, 15, 30, 45 Minuten oder sogar eine ganze Stunde. Aus meiner Erfahrung möchte ich den Rat geben, die Vorbereitungszeit nicht zu kurz zu wählen. In den meisten Fällen mißlingen Aufgaben dann, wenn sich der Reiter mit dem Abreiten nicht genug Zeit gelassen hat. Man sollte sich lieber etwas länger Zeit nehmen, als sich mit dem Pferd unter Zeitdruck zu verkrachen. Das sollte sich jeder Reiter bei der Vorbereitung auf einen Wettkampf zur Richtschnur seines Handelns machen.

Turnieratmosphäre hat eigene Gesetze

Zu Hause kann man zwar »Turnier üben«. Trotzdem ist die Atmosphäre am Tage des Wettkampfes meistens anders, hektischer und deshalb nur bedingt vorhersehbar. Darin liegt unter anderem der Reiz des Wettkampfes. Wenn man vorher alles berechnen und einkalkulieren könnte, gäbe es keine Überraschungen mehr. Für den ersten Start nach der Winterarbeit sollten wir die Zeit für das Abreiten um etwa eine halbe Stunde länger ansetzen. Ich habe schon Pferde gehabt, die so abgelenkt waren, daß ich sie zwei bis drei Stunden abreiten mußte, ehe ich sie in der Halle Münsterland starten konnte. Eine Woche später in Bremen waren die Pferde dann wie umgewandelt und benötigten nur die sonst übliche Vorbereitungszeit.

Für die ersten Starts in Springprüfungen gelten in etwa die gleichen Gesetze. Das Abreiten geschieht wie bei der heimatlichen Vorbereitung auf das Parcoursspringen, das ich in dem Kapitel über Parcoursspringen im einzelnen beschrieben habe (siehe Seite 155). Auf dem Turnier kommt ergänzend die genaue Kenntnis des Springparcours durch den Reiter hinzu. Der Reiter selbst muß sich vor Beginn des Springens über den Parcours vollkommen klar sein. Dazu studiert er zunächst die Skizze des Parcours am Schwarzen Brett. Dann geht er zu Fuß den Parcours ab, und zwar vom Start bis zum Ziel, genau auf dem Weg, den er reiten will. Bei jedem Sprung macht er sich Gedanken darüber, an welcher Stelle er mit seinem Pferd springen will. Das ist von verschiedenen Umständen abhängig, nämlich:

a) von der Richtung, aus der er kommt
b) von der Richtung, in der er weiterreiten muß
c) von der Beschaffenheit der Absprung- und Landestelle
   (z.B. Bodenunebenheiten und ausgetretene Stellen)
d) von der Beschaffenheit des Sprunges

Bei Doppelsprüngen schreite man die Entfernung ab, weil sich danach das Tempo des Anreitens richtet. Erfahrene Reiter merken sich auch innerhalb des Parcours noch Wendezeichen, um den kürzesten Weg zwischen den Begrenzungszeichen von Sprung zu Sprung auszumachen. Für die ersten Turnierstarts brauchen wir dies nur bedingt; denn wir sollten unser Augenmerk auf eine gute stilistische Leistung richten und nicht auf einen Siegesritt gegen die Stoppuhr.

Wenn die ersten Turnierstarts mißlingen, sollten wir nicht gleich den Kopf hängenlassen. Wir sollten uns damit trösten, daß auch den besten Reitern Turnierprüfungen mißlingen – und das trotz sorgfältiger Vorbereitung. Ein Pferd ist eben keine Maschine. Deshalb sollte nicht das Ergebnis der Prüfung für den Reiter allein entscheidend sein, sondern die Feststellung, was richtig und was falsch war. Jeder Turnierstart sollte zum Nachdenken anregen. Das große Erlebnis liegt darin, eine Antwort auf die Frage nach dem jeweiligen Leistungsstand zu erhalten sowie Hinweise für die weitere Ausbildungsarbeit.

Trainingsplan für die Grundausbildung bis zur Wettkampfreife

Der nachfolgende Trainingsplan kann natürlich nur Anhaltspunkte geben, in welchen Zeitabschnitten das Pferd an die einzelnen Anforderungen bis zum Erreichen der Ausbildungsstufe der Klasse A herangeführt werden sollte. Der Plan soll zum Mitdenken anregen und die Leitgedanken festhalten, die das jeweilige Ausbildungsziel beinhalten. Es bleibt der Entscheidung des Ausbilders überlassen, die Anforderungen so zu stellen, daß sie dem Entwicklungsstand des Pferdes entsprechen. Dabei kann es vorkommen, daß einzelne Stationen zeitlich länger angesetzt werden müssen. Vorsicht sollte geboten sein, wenn die Ausbildung wesentlich schneller verläuft, als sie durch den nachfolgenden Plan in den einzelnen Zeitabschnitten festgehalten ist. Wir müssen uns dann fragen, ob unser Pferd ein derartiger »Überflieger« ist, daß es wirklich so rasch begreift und lernt, ohne nervliche oder gesundheitliche Schäden davonzutragen. Das wird man nur ganz selten bejahen können. Der gute Rat eines erfahrenen Ausbilders wird deshalb stets dahin gehen, sich die vorgegebene Zeit zu lassen und lieber ab und zu eine schöpferische Pause einzulegen, in der das bereits Gelernte in Muße wiederholt wird.

Erster Monat (September)

Leitgedanke: Gewöhnung an die neue Umgebung im Reitstall und Vorbereitung auf das Anreiten

Gewöhnung an Stall und Pfleger sowie Futterumstellung. Der ständige Pfleger macht das Pferd mit den einzelnen Pflegehandlungen vertraut. Wir beobachten das Pferd beim Freilaufen. Von der zweiten Woche an erfolgt die Gewöhnung an Sattel und Zaumzeug. Wir machen mit dem Pferd Spaziergänge und erkunden die nähere Umgebung von Stall und Reitbahn. In der zweiten und dritten Woche üben wir Mustern an der Hand. In der vierten Woche lassen wir das Pferd zum ersten Mal freispringen.

174

Zweiter Monat (Oktober)

Leitgedanke: Longieren und erstes Anreiten

Wir longieren das Pferd an und nehmen uns dafür acht bis zehn Tage Zeit. Danach ergänzen wir die Ausbildung durch freies Bewegen in der Reitbahn unter Hinzunahme von Ausbindezügeln. Wir gewöhnen das Pferd an der Longe an das ruhige Überschreiten von Cavalettis im Schritt und führen es über einzelne bunte Stangen. In der zweiten Woche richten wir unser Augenmerk an der Longe auf die Erreichung von losgelassenen und taktmäßigen Bewegungen im Arbeitstrab. Im Schritt und beim Führen über Stangen werden die Ausbindezügel ausgehakt.
In der dritten Woche folgt das erste Anreiten. Wir üben Auf- und Absitzen und gewöhnen das Pferd in der dritten und vierten Woche an das Reitergewicht. Im Trab wird leichtgetrabt. Durch Freispringen schaffen wir Abwechslung und durch Freilaufenlassen ohne Reiter Ausgleichsbewegung zur Gewinnung der Losgelassenheit.

Dritter Monat (November)

Leitgedanke: Entwicklung der Losgelassenheit unter dem Reiter;
Entwicklung von Schubkraft und Anlehnung an der Longe

Ruhige Trabarbeit im Leichttraben auf beiden Händen. Wenn möglich hinter einem Führpferd im Schritt und Trab über Cavalettis und einzelne Stangen reiten. Spazierenreiten im Gelände in Gesellschaft mit älteren Pferden.
Während der Arbeit an der Longe mit Stimme und Longierpeitsche an treibende Hilfen gewöhnen. Kurze Reprisen im Galopp an der Longe. Durch zwischenzeitliches Zulegen und Tempoauffrischen im Trab die Schubkraft entwickeln und Anlehnung an das Gebiß gewinnen. Auf richtiges Ausbinden achten.
Cavalettiarbeit ohne Reiter als Ergänzungsgymnastik zur Stärkung der Rückenmuskeln. Freispringen. Freies Bewegen in der Reitbahn. Mustern an der Hand.

Vierter Monat (Dezember)

Leitgedanke: Gehorsam auf vorwärtstreibende Hilfen;
beginnende Schwungentfaltung unter dem Reiter

Gewöhnung an die vortreibenden Schenkelhilfen. Erstes An-den-Zügel-Stellen und Gewinnung einer leichten Anlehnung an das Gebiß unter dem Reiter. Spazierenreiten im Gelände, soweit es die Witterung erlaubt. Galoppieren im leichten Sitz auf der Galoppierbahn. Traben über Miniaturhindernisse in der Reitbahn oder auf dem Reitplatz.

Wiederholung des im dritten Monat Gelernten.

Fünfter Monat (Januar)

Leitgedanke: Gehorsam auf einseitige Hilfen; erste Springübungen

Üben von Vorhandwendungen, Schenkelweichen, Viereckverkleinern und -vergrößern. Gehorsames Stehenlassen. Weiterentwicklung der Schubkraft und Festigung der Anlehnung durch Tritte-Verlängern aus dem Arbeitstrab an den langen Seiten. Mehrfaches Angaloppieren in der ersten Ecke der kurzen Seite und Auslaufenlassen vom Galopp zum Trab nach ca. ein bis zwei Runden.

Reiten im Gelände, sofern es die Witterung erlaubt und dabei Gewöhnung an Bodenunebenheiten und leichtere Kletterstellen.

Unterstützende Longenarbeit, Freispringen, Cavalettiarbeit unter dem Reiter im Schritt und Trab. Springen einzelner Hindernisse aus dem Trab.

Zum Lösen des Pferdes »Lang-und-tief-Stellen« und zum Schluß der Stunde »Zügel-aus-der-Hand-Kauen-Lassen« üben.

Wiederholung von Übungen aus den Vormonaten.

Sechster Monat (Februar)

Leitgedanke: Reiten auf gebogenen Linien; Entwicklung der Springtechnik über einzelne Hindernisse

Im Arbeitsteil der Reitstunde konzentrieren wir uns auf das korrekte Durchreiten der Ecken. Wir üben Schlangenlinien, große Volten, Kehrtwendungen, genaues Ausreiten der Zirkellinie und am Ende des Monats die Acht auf der kurzen Seite zur gleichmäßigen Biegung des Pferdes auf beiden Seiten.

In ähnlicher Weise legen wir Wendungen, Bögen und Schlangenlinien zwischen Hindernissen an und machen zwischendurch einzelne Sprünge aus dem Trab. In der zweiten Monatshälfte machen wir das Pferd mit Gymnastikspringen vertraut.

Im übrigen wiederholen wir Übungen zur Schwungentfaltung, Festigung der Anlehnung, Entwicklung der Springtechnik über einzelne Hindernisse und zur Verbesserung der Kondition.

176

Siebter Monat (März)

*Leitgedanke: Übungen zur Durchlässigkeit;
Gymnastikspringen*

In diesem Monat ergänzen wir die Übungen zur Erziehung des Gehorsams auf einseitige Hilfen durch Zulegen und Einfangen. Wir erreichen damit die Durchlässigkeit »von hinten nach vorn« (Tritte und Sprünge verlängern) und »von vorn nach hinten« (Einfangen des Tempos).
Zulegen und Einfangen im Trab auf geraden Linien, im Galopp vornehmlich auf dem Zirkel. Wir üben das Rückwärtsrichten.
In der dritten und vierten Woche reiten wir jeweils an einem Tag eine Dressuraufgabe der Kl. A aus dem Aufgabenheft, wenn möglich in der Abteilung mit drei anderen Pferden, wie auf dem Turnier, oder wenigstens zu zweien; wenn auch das nicht möglich ist, allein.
Im übrigen wiederholen und festigen wir das in den Vormonaten Gelernte.
Im Springen verbessern wir durch Gymnastikspringen die Sprungtechnik. Wir nehmen zum Schluß die Cavalettis weg und machen einige Sprünge aus dem Galopp.
Die Geländearbeit hat auf die Witterung Rücksicht zu nehmen.

Achter Monat (April)

*Leitgedanke: Verbesserung von Geraderichten und Schwung;
Tummeln im Gelände*

Wir bekämpfen die natürliche Schiefe durch die Übung »Schulter vor« und durch diagonale Hilfen auf dem Zirkel mit Übertretenlassen auf der offenen Zirkelseite. Wir widmen uns intensiv der Entwicklung der drei Grundgangarten: Tritte und Sprünge verlängern.
Dazwischen »Überstreichen« und zum Schluß »Zügel-aus-der-Hand-Kauen-Lassen«.
Es wird Frühjahr. Die Geländeausbildung gewinnt Vorrang. Wir üben die Mindestleistungen für Materialprüfungen auf der Galoppierbahn. Wir üben das Springen typischer Geländehindernisse mit geringen Anforderungen. Die frische Luft und das Tummeln im Gelände sind das Wichtigste.
Im übrigen wiederholen wir Übungen aus den Vormonaten.
In den letzten Wochen bereiten wir uns auf das erste Parcoursspringen vor und üben das Springen von Kombinationen aus dem Galopp.

Neunter Monat (Mai)

Leitgedanke: Parcoursspringen; erste Turnierstarts

Wir bereiten uns auf die ersten Turnierstarts vor in Material- oder Eignungsprüfungen, Dressur- oder Springprüfungen Kl. A. Das Training richtet sich nach der Ausschreibung. Wir nehmen ein bis zwei Turnierstarts wahr.

Zehnter Monat und folgende bis zum Ende der Sommerturniersaison (Juni bis September)

Leitgedanke: Vertiefung der Ausbildung und Sammeln von Turniererfahrung

Möglichst nicht mehr als zwei Turniere pro Monat. Übung der speziellen Aufgaben für das Turnier in der Dressur Kl. A. Verbesserung von aufgetretenen Mängeln. Ruhige Arbeit zwischen den Turnieren zur Stärkung der Nerven. Keine neuen Anforderungen stellen. Nur auf die Festigung des bisher Gelernten bedacht sein. Besonders talentierte Pferde können in den Lektionen der Dressur Kl. L auf Trense, nämlich in Außengalopp und Hinterhandwendungen geschult werden, um im zweiten Teil der Saison eventuell ein paar Starts in Dressurprüfungen Kl. L auf Trense zu absolvieren. Im Springen und Gelände bleibt es bei den Anforderungen der Klasse A.

Literaturverzeichnis

Aufgabenheft gem. LPO der Deutschen Reiterlichen Vereinigung e.V. (FN) Abt. Sport, Warendorf, Ausgabe 1976

MARTEN VON BARNEKOW, Die Ausbildung des Springpferdes, Düsseldorf 1950

WILHELM BLENDINGER, Psychologie und Verhaltensweise des Pferdes, Heidenheim 1971

UDO BÜRGER, Vollendete Reitkunst, 3. Auflage, Berlin 1972

DR. FRITZ GRAMATZKI, Handbuch Pferde, Band I, Osnabrück 1977

H. Dv. 23, Reitvorschrift (R.V.) vom 18.8.1937, Berlin 1937

REINER KLIMKE, Cavaletti, 5. Auflage, Stuttgart 1976

REINER KLIMKE, Military, 2. Auflage, Stuttgart 1978

FREIHERR VON LANGEN, Reiten über Hindernisse, Kiel

Leistungsprüfungsordnung (LPO) der Deutschen Reiterlichen Vereinigung (FN) Abt. Sport, Warendorf 1979

WILHELM MÜSELER, Reitlehre, 42. Auflage, Berlin 1976

HERMANN FREIHERR VON NAGEL in: Die Ausbildung des Spring- und des Militarypferdes, Hannover 1933

ERICH OESE, Pferdesport, Berlin 1970

Reglement der Internationalen Reiterlichen Vereinigung in deutscher Übersetzung, Warendorf 1978

Teil III Springen

Teil IV Dressur

Teil V Vielseitigkeitsprüfungen

Richtlinien für Reiten und Fahren der Deutschen Reiterlichen Vereinigung (FN), Warendorf

Band I, 11. Auflage 1964

Band II, 5. Auflage 1974

ALBERT STECKEN in St. Georg, August 1972: Losgelassenheit, Durchlässigkeit, Versammlung

RICHARD L. WÄTJEN, Dressurreiten, 7. Auflage, Berlin und Hamburg 1975

Sachregister